인문학 독자를 위한 **화엄경**

인문학 독자를 위한 **화엄경**

박보람 지음

불광출판사

『화엄경』은 온갖 꽃으로 장엄된 부처님의 세계를 설하는 경전입니다. 이러한 경전의 입문서를 쓴다는 것은 저에게 있어 큰 도전이었지만, 이제까지 『화엄경』을 읽으면서 겪은 시행착오와 지금 제 나름대로의 읽기 방식을 여러분과 공유하고자 집필을 하게 되었습니다. 따라서 이 책은 다분히 『화엄경』에 대한 제 개인적인 느낌에 바탕을 둔 일종의 에세이라고 생각하시면 좋을 듯합니다.

이 책은 『화엄경』을 처음으로 접하고자 하는 분들을 대상으로 하는 책입니다. 『화엄경』에 관심이 생긴 분들이 어떻게 이 경전을 접하면 좋을지, 그 접근 방법을 소개하는 것이 주목적입니다. 다른 불교 경전과 마찬가지로 『화엄경』 또한 무수히 많은 접근 방법이 있습니다. 이 책이 택한 접근 방법을 결론부터 말씀드리면 "그냥 맛보세요!"입니다. 즉 제가 말하고자 하는 바는 직접 『화엄경』을 바로 읽으시라는 것입니다.

예, 그냥 읽으시기 바랍니다.

그렇다면 언제 읽을까요? 그냥 매일, 생각날 때마다, 틈만 나면 읽으시기 바랍니다. 어떻게 읽을까요? 무엇을 얻고자, 무엇을 알고자, 무엇이 되고자 읽지 마시고 『화엄경』이 그냥 우리의 삶이 되도록 읽으시면 좋겠습니다. 저는 『화엄경』이 우리의 삶이 되었을 때야말로 가장 큰 이익을 가져다준다고 생각합니다. 『화엄경』의 입장에서 무엇을 얻음도, 무엇을 앎도, 무엇이 됨도 다 망상일 터인데 그러한 『화엄경』을 얻고자, 알고자, 되고자 읽는다면 애초부터 잘못된 만남이겠지요.

그렇다면 『화엄경』이 우리의 삶이 된다는 것은 구체적으로 무엇을 말하나요? 저는 단순하게 생각합니다. 우리의 24시간 중에서 가능한 한 많은 시간을 『화엄경』을 읽고 되새기며 보내는 것입니다. 그것이 『화엄경』이 설하는 바인 "'나'를 포함한 우주의 모든 현상이 바로 부처님이다"를 우리의 삶에 구현하는 가장 간단하고 확실한 방법이라고 생각합니다. 즉 '나'가 부처로 사는 방법이지요. 더 적확하게 표현한다면 얻고자, 알고자, 되고자 하지 않고 『화엄경』을 읽는 그 순간에는 부처님도 중생도, 열반도 생사도, 기쁨도 고통도, 깨달음도 무명도, 너와 나도 그저 한순간일 뿐입니다. 이 순간은 '부처님', '나' 등 무엇으로도 이름 붙일 수 없는 동시에 어떤 이름으로도 부를 수 있겠지요. 이것이 제가 생각하는 『화엄경』 읽기입니다.

이렇게 이야기했지만, 저도 한결같이 『화엄경』을 읽지 못합니다. 또 읽는다 해도 자꾸 무언가를 이해하려 하고 이를 통해 무언가를 얻으려 하는 자신을 발견합니다. 그럼 무엇을 얻지 않기 위해서, 무엇을 알지 않기 위해서, 무엇이 되지 않기 위해서 『화엄경』을 읽어야 할까요? 제 생각에 얻지 않기 위해서, 알지 않기 위해서, 되지 않기 위해서 애쓰는 것은 결국 얻고자, 알고자, 되고자 하는 것의 다른 표현일 뿐입니다.

오만 생각이 일어나도 그냥 계속 읽을 뿐입니다.

우리 모두 이렇게 『화엄경』을 읽어 '지금, 여기'를 예로부터의 부처님 세계로 장엄하기를 서원합니다.

차 례

1

『화엄경』을
우리는
왜 알아야 할까

왜 『화엄경』일까

여러분은 하고많은 책 중에 왜 하필 이 책을 읽으려고 하나요?

혹시 『화엄경』에 대해서 알고 싶어서인가요?

군이 『화엄경』은 왜 궁금한가요?

행여 『화엄경』이 '나'에게 뭔가 이익이 될 수 있지 않을까 하는 기대 때문인가요?

그런 생각을 하는 이 '나'는 무엇인가요?

그리고 '나'에게 '이익'이 된다는 것은 무엇일까요?

여러분이 이 모든 물음에 스스로 답을 할 수 있고 그 답으로 자신의 삶을 채워나갈 수 있다면 군이 이 책을 읽을 이유도, 『화엄경』에 대해서 알 필요도 없다고 생각합니다. 그런 분은 『화엄경』과 그에 대한 군더더기인 이 책을 부담 없이 내려놓고 온 세상에 여러분의 삶으로 『화엄경』을 써 나가시면 되지 않을까요? 왜냐하면 『화엄경』이란 결국 위의 물음들에 대한 답이기 때문입니다.

달리 말하면, 『화엄경』은 '나'와 '나의 이익'에 대한 이야기입니다. 만약 여러분들이 자신과 스스로의 이익에 관심이 있지만 아직 충분히 만족스럽지 못하여 무언가를 찾고 있다면, 『화엄경』에서 '나'와 '나의 이익'을 찾을 어떤 실마리를 발견할 수 있을지도 모르겠습니다.

여러분은 무엇이 '나의 이익'이라고 생각하나요? 오늘 나의 이익은 승진, 내일 나의 이익은 자녀의 명문대 입학, 노년의 나의 이익은 무병장수… 같은 것일 수 있겠지요. 인연에 따라 이처럼 다양한 이익 전부를 아우르는 '나'의 삶 전체의 이익은 무엇일까요? 물론 여기에는 무수한 답이 존재하겠지만 이 책에서는 우선 '행복'이라고 해 보겠습니다.

한번 정리해 볼까요? 만약 여러분이 '나'와 '나의 이익'에 대해서 관심이 있지만 아직 만족스럽지 않다면, 그리고 '나의 이익'을 '행복'이라고 가리키는 데 동의한다면 여러분은 『화엄경』으로 가는 길에 이미 한 발을 들인 셈입니다.

불교의 목표와 방법과 내용

여기에서 『화엄경』으로 나아가기 전에, 그 밑바탕으로서
『화엄경』을 포함하는 일반적인 불교의 목표와 방법과 내
용을 잠깐 생각해 보겠습니다.

　만약 여러분이 '행복'을 '나의 이익'으로 삼아 인생의
목표로 추구하고자 한다면 여러분이 지금 서 있는 바로
그 자리가 2,500여 년 전 고타마 싯다르타라는 사람이 걷
고자 했으며, 스스로 개척해 간 끝에 석가모니 부처님이
된 길의 들머리라고 할 수 있습니다. 왜냐하면 고타마 싯
다르타가 하고자 했고 석가모니 부처님이 되어 이룬 것
은 오직 '행복'이기 때문입니다. 물론 들머리에 선다고 저
절로 길의 끝머리에 이르는 것은 아니지요. 그러나 원한
다면, 우리는 석가모니 부처님이 직접 걸어 마친 길을 다
른 이들이 헤매지 않고 따라올 수 있도록 만든 지도를 이
용해 나아갈 수 있습니다. 그것을 우리는 '불교'라고 부릅
니다.

그렇다면 석가모니 부처님이 일으킨 불교가 목표로 하는 행복이란 무엇일까요? 불교의 행복은 '이고득락(離苦得樂)'으로 나타낼 수 있습니다. '고통을 여의어 즐거움을 얻는다' 정도로 이해가 가능합니다. '고통'과 '즐거움', 그리고 그 둘의 관계 등에 대해서 여러 복잡한 논의가 있지만 중요한 것은 고통을 여의는 것을 행복의 내용으로 삼았다는 점입니다. 불교의 시선에서 지금, 여기의 '나'의 삶은 여러 종류의 고통이 폭류처럼 끊임없이 흐르는 것입니다. 그렇기에 지금, 여기의 '나'가 목표로 해야 할 궁극의 행복은 어떤 감각적 쾌락으로 고통을 무마시키는 것이 아니라 고통 그 자체를 여의는 것이지요.

고통 그 자체를 여의는 방법은 무엇일까요? 고통을 완전히 없애기 위해서는 진통제를 투여하는 대증 요법이 아니라 고통의 원인을 찾아 제거하는 원인 요법이 필요합니다. 불교 또한 고통에 대해 대증 요법이 아닌 원인 요법을 추구합니다. 불교는 사람들이 '나'라는 것을 올바로 알지 못하고 가짜 '나'에 집착하는 것을 모든 고통의 근본 원인으로 파악합니다. 따라서 참된 '나'를 알지 못하고 거짓 '나'에 집착하는 것에서 벗어난다면, '여실지견(如實知見)'

즉 '나'의 참모습을 여실히 보기만 한다면 모든 고통으로부터 벗어난다는 것이 불교의 처방입니다. 올바른 '나'의 모습을 여실히 아는 것이 고통을 여의는 근본적인 방법이 됩니다.

　　그렇다면 무엇이 올바른 '나'의 내용인가요? 사람들은 대부분 뭔지는 몰라도 일단 어떤 '나'가 있다고 생각합니다. 그 '나'가 이 책을 읽고, 책이 하도 재미없어서 졸고, 이내 책을 덮고 영화를 보거나 게임을 한다는 것이지요. 그런데 불교에서 바라보는 '나'는 다릅니다. 어떤 고정불변하는 실체인 '나'가 있어서 그것이 책도 읽고, 영화도 보고, 태어나기도 하고 죽기도 하는 것이 아니라고 합니다. 그러한 고정불변하는 실체로서의 '나' 같은 것은 존재하지 않습니다(無我). 오직 책을 읽는 현상, 재미없어하는 현상, 조는 현상, 태어나는 현상, 죽는 현상일 뿐입니다. 이러한 현상의 연속을 '나'라고 착각 또는 가정하는 것이지요. 그리고 이러한 현상들은 창조자나 제일 원리 등이 생성하는 것이 아니라 인과에 의해 조건 지어져 형성되는 연기법(緣起法)입니다.

　　이것이 제가 이해하는, 석가모니 부처님에 의해서 비

롯된 불교의 핵심입니다. 물론 여러모로 오해의 소지도 많고 중간중간에 등장하는 여러 용어, 개념들을 좀 더 명확히 규정하자면 한이 없겠지만 일단 이 책의 진행을 위한 밑바탕 정도로 봐 주시기 바랍니다. 정리하자면 불교는 행복, 즉 이고득락이라는 목표를 위해서 '나'의 참된 모습을 여실히 보는 방법을 추구하고, 이때 '나'의 참된 모습과 내용은 바로 무아·연기입니다.

'나'와 '나'의 이익

석가모니 부처님의 가르침에 따라서 자신의 행복, 이고득락을 추구하는 부처님의 제자, 즉 불교도는 이러한 불교의 목표와 방법과 내용을 공유합니다. 물론 행복을 위해 반드시 불교도가 될 필요는 없다고 생각합니다. 행복하기 위한 부처님의 진찰과 처방이 '나'에게 가장 이익이 된다고 판단될 때에만 부처님의 가르침을 따르면 될 것입니다.

석가모니 부처님의 가르침, 불교의 목표와 방법과 내용을 믿고 따른다고 불교도들이 이를 모두 동일하게 이해하지는 않았습니다. 석가모니 부처님 이후, 불교라는 사회 현상 내에 존재했던, 존재하는, 존재할 다양한 그룹은 그들이 밑바탕으로 하는 불교의 목표와 방법과 내용이라는 세 항목에 대한 이해의 차이로부터 생겨난 것이라고 볼 수 있습니다. 하나의 대지에서 자라나는 각양각색의 꽃들처럼요. 고통이란 무엇이고, 그것의 여읨은, '나'를 여실히 본다는 것은, 무아란, 연기란 무엇이고 이를 어떻게 삶에서 구현할 것인가와 같은 교리와 수행의 입장 차이가 불교 내 다양한 그룹을 일으킨 주요 원인이었습니다.

이 책에서 다루는 『화엄경』 또한 앞서 소개한 석가모니 부처님의 가르침이 인생의 문제 해결에 가장 효과적이라고 믿고 따르는 여러 불교 그룹 중의 하나입니다. 동시에 그 가르침을 어떻게 이해하고 어떻게 삶에서 구현할 것인지에 대해서는 다른 불교와 구별되는 독자적인 이해와 수행법을 내세우고 있지요. 즉 『화엄경』은 불교 보편의 목표, 방법, 내용을 이야기하고 있되 고통을 여읨과 '나'를 여실히 본다는 것, 무아·연기에 대해 다른 불교에서는 볼 수 없는 특수한 입장을 갖고 있습니다. 『화엄경』을 볼 때는 이러한 보편과 특수의 양면을 함께 고려해야 합니다.

다시 한번 강조하자면 『화엄경』 또한 불교 경전 중

하나입니다. 그러니 아무리 방대하고 이해하기 힘든 내용을 이야기하더라도 결국에는 '나'와 '나의 이익', 즉 행복에 관한 것임을 염두에 두고 이를 나침반으로 삼는다면 『화엄경』이라는 망망대해에서 길을 찾는 데 조금은 도움이 되리라고 생각합니다.

불설과 설불

불교 보편의 목적인 행복, 이고득락을 추구하는 『화엄경』
만의 특수한 입장과 고유한 의의는 무엇일까요? 이에 대
해 여러 측면에서 이야기할 수 있겠지만, 그 중심에는 부
처님과 부처님 세계에 대한 보기 드문 강조 또는 집중이
있다고 생각합니다. 이러한 강조는 『화엄경』이 가진 여러
특징을 이끄는 본질이며, 이는 결국 『화엄경』의 '나'에 대
한 특수한 입장에서 비롯되었으니 이것을 『화엄경』의 독
특한 의의라고 볼 수 있습니다.

　이러한 『화엄경』의 의의 또는 특징은 예로부터 『화엄
경』을 설불 경전이라고 일컬은 데에서도 엿볼 수 있습니
다. '설불(說佛) 경전'이라는 것은 '부처님을 설하는 경전',
'부처님에 대해서 말하는 경전' 정도의 뜻으로 이해할 수
있습니다.

　보통 대승 경전은 제목에 '불설(佛說)'이라는 표현이
접두사처럼 붙어 있는 경우가 많습니다. 대승 경전이 실

제로는 석가모니 부처님이 설하신 것이 아니라고 하는 비판에서 비롯된 것인지도 모르겠습니다. 어쨌든 이렇게 '불설', 즉 '부처님이 설한, 설하는'과 같은 표현이 붙지 않은 경우라도 극히 일부를 제외하고는 부처님이 말로 설하는 형식을 취하고 있습니다. 그 설하는 내용은 경전에 따라 다양하지만 앞서 이야기한 불교의 목표와 방법과 내용의 틀을 빌린다면 지금, 여기의 '나'의 참다운 모습이 무엇이고, 그것을 어떻게 올바로 파악하여 부처님을 이루며, 모든 고통으로부터 완전히 벗어날 것인가에 관한 내용이 대부분 주를 이룬다고 할 수 있습니다. 이러한 경전들은 지금, 여기의 '나'가 부처님을 이루는 방향, 즉 '나 → 부처님'의 방향을 부처님이 말로 설하는 구조를 갖습니다. 반면에 『화엄경』은 '나'가 어떻게 하면 부처님이 될 수 있는가에 대한 내용보다는 여러 보살들이 부처님과 부처님 세계를 묘사하여 드러내는 데 더욱 중점을 두고 있습니다. 즉 보살들이 '설불'을 하는 경전이 『화엄경』인 셈입니다.

이는 경전의 시작을 비교해 보면 더욱 분명하게 드러납니다. 예를 들어 동아시아 대승 경전의 대표 주자라고 할 수 있는 『금강경』의 경우, 첫 시작은 "이와 같이 저는 들었습니다"라고 한 후 어느 때에 부처님이 어디서, 누구와 함께 있었는지에 대한 소개를 합니다. 이어서 수보리가 부처님께 "선남자와 선여인이 아뇩다라삼먁삼보리의 마음을 내고서 마땅히 어떻게 머물러야 하고 어떻게 그 마음을 항복시켜야 합니까?"라는 질문을 하자 부처님이 이에 대해 답변하시지요. 이런 식으로 질문과 답변이 이어지는 것이 『금강경』의 전체 구조라고 할 수 있습니다.

이와 대조적으로 『화엄경』은 "이와 같이 저는 들었습니다"로 시작하는 것은 같지만 그 뒤부터 부처님이 바른 깨달음을 이루었을 때 그 주변의 세계, 즉 불세계(佛世界)가 어떠한지를 묘사합니다. 이어서 그곳에 보살들을 비롯한 여러 대중이 몰려와 부처님의 경계를 찬탄합니다. 이들이 부처님의 지위, 경계와 보살의 서원 등에 대해서 질문하자 부처님이 광명으로 답한 내용을 여러 보살이 모임을 바꾸어 가면서 말로 설명하는 것이 『화엄경』의 전체 구조입니다.

『금강경』이 깨달음을 향한 마음을 일으킨 이가 어떻게 마음을 다스려서 '나 → 부처님'의 방향으로 나아갈 것인가에 대한 부처님의 설명이라면 『화엄경』은 부처님의 경계와 부처님의 세계는 무엇인가, 즉 '부처님'에 대한 보살들의 설명이라고 아주 거칠게 대조할 수 있습니다.

'나'와 『화엄경』

만약 『화엄경』이 이처럼 부처님에 대한 보살들의 설명이라면 그것이 지금, 여기에서 고통을 겪고 있는, 행복을 찾아 헤매는 '나'와 무슨 상관일까요? 『금강경』은 지금, 여기의 '나'의 참모습이 이런 것이다, 그리고 이렇게 '나'의 마음을 다스려야 한다고 알려 주기에 그 내용이 구체적으로 무엇인지는 모를지언정 일단 '나'에 대한 이야기인 줄은 쉽게 알 수 있습니다. 그러나 『화엄경』은 일단 겉보기에 '나'가 아니라 부처님에 관한 이야기이므로 '나'와는 별 관계없는 것은 아닐까 하는 생각이 들기 십상입니다.

그렇다면 『화엄경』은 '나'의 참모습을 무아·연기로 여실하게 봄으로써 모든 고통을 여읜다는 불교의 목표와 방법과 내용에 어긋나고 '나'의 탐구와 '나의 이익'에 그다지 도움이 되지 않는, 한 마디로 불교가 아닌 것은 아닐까요?

여기서 『화엄경』이 '나'를 바라보는 아주 독특한 입장과 그로 인한 『화엄경』의 의의를 찾아볼 수 있습니다.

결론부터 말하자면 '나'의 참모습을 여실히 알아 모든 고통을 여윈 부처님은 지금, 여기의 '나', 지금 이 책을 읽고 있는 여러분과 조금도 다름없다는 것이 『화엄경』이 바라보는 '나'이자 '부처님'입니다. 이게 무슨 소리인가요? 하루하루 고통을 다른 고통으로 밀어내며 살아가는 '나'가 바로 부처님이라니요? 그런데 『화엄경』은 그렇다고 합니다. 왜, 어떻게 '나'가 부처님인지, 그리고 그렇다면 지금, 여기의 부처님인 '나'는 무엇을 해야 하는지에 대한 것이 바로 『화엄경』 전체에서 설해지는 내용입니다.

그러므로 『화엄경』의 설처럼 '나'가 '부처님'이라면, 부처님에 대해서 설하는 『화엄경』은 바로 다름 아닌 '나'의 참모습에 대해서 설하고 있는 것이지요. '나'의 참모습은 부처님이므로, 부처님인 '나'에게 고통이란 있을 수 없습니다. 이처럼 『화엄경』은 조금도 모자람 없이, 다만 자기만의 관점을 가지고 불교의 내용과 방법과 목표를 재해석하여 『화엄경』이 생각하는 석가모니 부처님의 본래 뜻을 드러냄으로써 이고득락의 목표를 성취하고자 합니다.

덮느냐, 마느냐, 이것이 문제로다

여기까지 이 책을 읽으신 분들 중에 많은 분이 지금, 여기의 '나'가 조금도 모자람 없는 '부처님'이라는 것이 『화엄경』의 핵심이란 말에 쉽사리 동의하지 못하리라 생각합니다. 『화엄경』의 이러한 관점을 조금의 의심이나 거리낌 없이 부정하고 무시할 수 있다면 지금 이 책을 덮으시기 바랍니다. 왜냐하면 이 책을 통해서 여러분들이 이익을 얻지 못할 가능성이 높기 때문입니다. 그것은 또 그 나름의 인연이겠지요. 『화엄경』만이 여러분들이 가야 할 길은 아니니까요.

또한 만약 '나' 그대로 온전한 '부처님'이라는 말이 여러분들에게 확신을 주지 못했더라도 '나'와 '부처님'에 대해 기존에 갖고 있던 믿음에 아주 미세한 균열이라도 내었고, 그것으로 인해 여러분들의 마음이 조금이라도 불편하고 왠지 모를 의심을 떨칠 수 없다면 마찬가지로 지금 이 책을 덮으셔도 좋습니다. 이 책이 여러분들에게 줄

수 있는 이익을 이미 모두 얻으셨으니까요. 다만 조그맣게 벌어진 틈을 통해서 일부만 보이는 '나'의 참모습에 만족하지 마시고, 가능하다면 『화엄경』에서 그 전체 모습을 직접 확인하시기 바랍니다. 코끼리의 다리도, 코도, 귀도, 상아도 전부 코끼리의 참모습이지만, 코끼리를 처음 보는 사람이 전체를 보지 못하고 다리만 본다면 코끼리를 절굿공이 같다고 생각할 테니까요.

두 경우 다 책을 덮으려면, 그렇다면 이 책을 더 이상 읽지 말라는 얘기인가요? 사실 이 책에서 하고 싶은 이야기는 다 해 마쳤습니다. 『화엄경』의 핵심은 "'나'가 곧 부처님임을 확신하여 이고득락하자!"입니다. 앞으로 이 책에서 다루는 내용은 이 주제를 다양한 측면에서 변주한 것으로, 근본적으로는 반복입니다.

이 책이 의지하는 곳

그런데 이미 책장을 넘겨서 아직도 읽고 계시네요. 그럼 계속 이야기를 나누어 보도록 하죠. 우리가 쌀밥을 못 먹어 봐서, 쌀밥 맛을 몰라서 매일매일 쌀밥을 먹는 것은 아니니까요.

본 내용에 들어가기에 앞서서 한 가지 변명 삼아 밝혀 둘 것이 있습니다. 결론부터 말하자면 『화엄경』을 이해하는 관점에는 여러 가지가 있고, 이 책은 그중의 하나를 선택하여 이야기를 풀어나갈 것이라는 점입니다. 따라서 『화엄경』에 대해 이 책과 다른 입장도 얼마든지 가능하며, 옳고 그름(是非)의 문제라기보다는 취향(好惡)의 차이로 이해해 주시기 바랍니다.

복잡하다고 느껴지면 그냥 다음으로 넘어가셔도 됩니다만 조금 자세히 말씀드리자면, 불교를 이해하는 다양한 입장 중 하나인 『화엄경』 또한 그것을 해석하는 관점이 단일하지는 않았습니다. 『화엄경』은 대승불교의 대표 경전 중 하나입니다. 따라서 대승불교의 여러 그룹들은 예로부터 『화엄경』을 중시했으며 저마다 독자적인 『화엄경』 해석을 해 왔습니다. 여래장 사상도, 인도 대승불교의 두 축인 중관학파와 유식학파도 『화엄경』을 그들의 사상 형성에 주요한 근거로 삼았으며, 이는 동아시아에서 형성된 다양한 대승불교 그룹에서도 마찬가지입니다. 그러므로 같은 『화엄경』일지라도 어느 입장에서 바라보는가에 따라서 전혀 다른 목표와 방법과 내용으로 이해할 수 있습니다. 예를 들어 유식 사상이 이해하는 『화엄경』의 '나'와 '나의 이익'은 여래장 사상이 바라보는 『화엄경』의 '나'와 '나의 이익'과 다릅니다.

이 책은 『화엄경』에 대한 여러 해석 중에서도 동아시아불교에서 독자적인 『화엄경』 해석을 통해 후대에 '화엄종'이라고 불리는 새로운 해석 체계의 형성을 주도한 지엄(智儼, 602~668) 스님과 의상(義湘, 625~702) 스님, 법장(法藏, 643~712) 스님의 입장을 기준으로 할 것입니다. 앞으로는 이를 '초기 화엄교학'이라고 부르겠습니다. 특히 그중에서도 한국불교의 근간을 맡아온 한국 화엄 사상의 체계를 처음으로 마련한 의상 스님의 관점(정확하게 말하자면 제

가 이해한 의상 스님의 관점)을 바탕으로 『화엄경』이 말하는 불
교의 목표, 방법, 내용을 간단히 살펴보고자 합니다.

2

『화엄경』은
왜
만들어졌을까

『화엄경』은 무엇일까

『화엄경』은 왜 만들어졌을까요? 이 물음에는 이미 하나의 전제가 있습니다. '『화엄경』은 만들어졌다'라는 것이죠. 『화엄경』은 '만들어'졌나요? 이에 답하기 위해서는 『화엄경』이 무엇인가에 대해서 먼저 물어야 합니다. 사실 이 물음, '『화엄경』은 무엇인가?'는 앞의 '『화엄경』을 왜 읽어야 할까?'에서 먼저 물었어야 할 물음입니다. 무언지 알아야 읽을까 말까를 고민하고 결정할 수 있으니까요. 따라서 순서가 뒤바뀐 감이 있지만 여기에서 『화엄경』과 관련된 모든 물음 이전에 물어야 할 물음, '『화엄경』은 무엇인가?'에 대해서 잠깐 생각해 보도록 하죠. 무언가에 대해서 궁금할 때, 그 무언가가 무엇인지를 알아야 질문이 가능하다는 것은 모순적이지만 이는 『화엄경』뿐만 아니라 모든 대상에게도 적용된다고 생각합니다.

여러분은 『화엄경』이 무엇이라고 생각하나요? 지금, 여기, 즉 21세기 대한민국(만약 대한민국이 아닌 곳에서 이 책을 읽고 계신다면 죄송합니다)에서 살고 있는 우리에게 가장 쉬운 답은 '종이에 한글로 인쇄된 물리적인 형태의 책'일 것입니다. 그런데 요즘은 태블릿이나 컴퓨터 화면에서 책을 읽는 경우도 많습니다. 그러면 종이에 인쇄되어 있지 않은 어떤 데이터, 또는 전기 신호, 또는 메모리 반도체 내의 어느 특정한 상태의 집합도 『화엄경』'이라고 해야 할 것 같습니다. 따라서 돌, 나무에 새긴 『화엄경』, 그리고 만약 제가 흐르는 강물에 열심히 『화엄경』을 썼다고 하면 그것도 『화엄경』'이겠지요? 나아가 제가 만약 『화엄경』을 전부 외우고 있다면 그렇게 외우고 있는 것도 『화엄경』'이라고 해야 할 것 같습니다. 즉 매체와 관계없이 『화엄경』의 내용을 담고 있다면 모두 『화엄경』'이라고 해야겠지요.

그런데 『화엄경』은 처음부터 한글로 되어 있던 것은 아닙니다. 예전에 동아시아에서는 한문으로 된 것이 널리 읽혔으며, 한문본 또한 인도의 고대 언어인 산스크리트어로 된 원문을 번역한 것이지요. 그리고 티베트어로도, 만주어로도, 몽골어로도, 현대에 이르러서는 세계 각국의 다양한 언어로 번역되었으니 이 모두 다 『화엄경』일 것입니다. 여기서 한 단계 더 나아가 볼까요. 예를 들어 안드로메다은하에 살고 있는 외계인과 교류가 가능한 시대에 (그때까지 인류가 존재한다면) 그들에게 『화엄경』을 전해 주는 상황을 상상할 수 있습니다. 그러면 우리는 그들이 이해할 수 있는 소통 수단으로, 그들의 사고 체계에 최대한 맞추어서 『화엄경』을 변환해 전달할 것입니다. 물론 소통 수단은 문자나 음성이 아닐 가능성도 있겠지요. 가령 냄새라든가 빛의 파장일 수 있습니다. 사고 체계 또한 지금은 뭐라 상상하기 힘들 정도로 다를 것입니다.

한 번 더 나아가면, 지금까지는 이른바 빅뱅으로 형성된 시공간 내의 경우만 생각했습니다. 그러나 그 너머로는 우리의 시공간과 전혀 다른, 뭐라고 형용할 수 없는, 형태라고도 할 수 없는 형태의 무언가가 무언가를 하겠지요. 우리가 속해 있는 우주가 비롯된 빅뱅과 같은 현상이 유일무이하다고 단정하기는 힘드니까요. 사실 『화엄경』에서는 우리가 살고 있는 이 세계와 전혀 다른 형태의 세계(일단 '세계'라고 부르겠습니다)가 무한히 많다고 이야기합니다. 그리고 이러한 세계에 무한히 많은 부처님이 우리의 언어와 개념과 상상력으로는 표현할 수 없는, 그 상황에 따른 형태와 매체로 각각 『화엄경』을 설하고 있다고 합니다. 따라서 『화엄경』에서 '설한다'는 것은 반드시 말로 이야기하는 행위만을 가리키지는 않고, 굳이 말하자면 일종의 정보를 전달하는 모든 행위를 가리킨다고도 할 수 있습니다.

『화엄경』에서는 이밖에도 여러 가지 무수한 형태의 『화엄경』이 설해졌고, 설해지고, 설해질 것이며 나아가 시간과 공간을 넘어서 설해진다고 설하고 있습니다. 한 가지 예를 들어 보자면 제 몸의 털구멍 안에 우주가 온전히 들어 있고 거기에서 무수한 부처님이 과거와 미래와 현재를 통틀어서 『화엄경』을 설하는 것입니다. 물론 제 몸의 털구멍 하나에서만 그런 것은 아니겠지요.

이 모든 것이 『화엄경』이라면 도대체 무엇을 가지고 『화엄경』이라고 하는 것일까요? 여러 가지로 말할 수 있겠지만 초기 화엄교학에서는 형태나 매체 등과 관계없이 '나'의 참모습을 여실히, 모자람 없이 설하여 모든 존재들이 자신의 참모습대로 살아갈 수 있게 하는 가르침이라면 그것이 바로 『화엄경』이라고 생각했습니다. 이를 다른 말로 '원만한 가르침'이라는 뜻의 '원교(圓敎)'라고 일컬었는데 그 내용인즉슨 '나'의 참모습은 바로 조금도 모자람 없는 부처님이라는 것이지요. 이것이 앞서 소개한 『화엄경』의 핵심입니다.

모든 존재의 참모습인 부처님을 모자람 없이 설하는 것이 바로 『화엄경』이라고 한다면, '나'의 참모습을 가장 잘 드러내는 것은 무엇일까요? 그것은 다름 아닌 '나'입니다. 지금, 여기 제 눈앞에 있는 사과와 만년필의 참모습을 가장 잘 나타내는 것은 바로 이 사과와 이 만년필인 것처럼요. 지금, 여기에 존재하는 '나'의 참모습을 가장 여실히, 원만하게 드러내는 것은 바로 '나' 그 자체입니다. 따라서 '나'는 바로 『화엄경』입니다. 같은 이치로 사과도, 만년필도, 여러분이 지금 보고 있는 이 책도, 여러분도, 우주의 모든 현상이 각각의 존재 그 자체를 여실히 드러낸다는 측면에서 모두 『화엄경』입니다.

'나'가 『화엄경』이라고 했지만 모든 것이 조건 지어져 형성된다는 연기법을 설하는 불교에서 항상, 조건과 관계없이 '나'가 곧 『화엄경』이라면 그것은 불교도, 『화엄경』도 아니겠죠. '나'가 『화엄경』이려면 '나'의 참모습을 가장 잘 드러내는 것은 바로 '나'라는 깨달음이 있어야 하고, 그 참모습은 다름 아닌 부처님입니다. 그러므로 '나'가 조금도 모자람 없는 부처님임을 온전히 깨닫는다면 그 '나'는 바로 『화엄경』이며, 이를 초기 화엄교학에서는 법신으로서의 비로자나 부처님이라고도 합니다. 같은 이치로 제가 여러분을 보거나 듣거나 하여 여러분의 참모습이 부처님임을 여실히 깨닫는다면 여러분은 곧 『화엄경』이고 법신 비로자나 부처님이며 사과도, 만년필도 마찬가지입니다. 그래서 예로부터 '두두물물(頭頭物物, 모든 현상을 가리킵니다)이 비로자나 진법신 아님이 없다'고 한 것입니다. 이것이 초기 화엄교학에서 생각하는 『화엄경』의 본래 면목입니다. 아마도 여러분이 평소 생각해 왔던 『화엄경』과는 상당히 다르리라고 생각합니다. 이로 인해서 다소의 막막함이나 언짢음이 느껴진다면 『화엄경』을 탐험하기 위한 좋은 출발입니다. 그러한 느낌을 놓치지 마시고 이 책을 읽으면서 키워나가시기 바랍니다.

언설『화엄경』

●

이처럼 '나'의 참모습이 부처님이라는 가르침인『화엄경』을 온 세계의 모든 현상이 설하고 있습니다. 이러한 가르침을 그대로 언설 문자로 기록하기에는 어려움이 있겠지요. 그럼에도 불구하고 이를 언설로 기록하여 모은『화엄경』이('언설『화엄경』'이라고 부르겠습니다) 네 종류 있었다고 법장 스님은 전하고 있습니다. 이에 따르면 제2의 부처님으로 존경받는 용수(龍樹, Nāgārjuna, 150?~250?) 보살이 용궁에 갔을 때 상·중·하본의 세 가지 언설『화엄경』을 보았다고 합니다. 그중에 상본과 중본은 그 분량이 상상을 초월할 정도로 많아서 인간 세계에 전할 수 없었고, 그나마 가장 짧았던 10만 게송 분량의 하본을 용수 보살이 보고 외워서 그 당시 인도에 전했다는 것입니다. 그리고 그중에서도 3만 6천 게송 분량만 동아시아에 전래되어 한문으로 번역되었다고 합니다. 이 간략본이 우리가 일반적으로, 상식적으로(?) 생각하는『화엄경』의 기본이

됩니다.

　이 전설을 어디까지 믿을 수 있을지는 모르겠지만 분명 간략본『화엄경』은 현존합니다. 물론 상본과 중본, 하본은 존재하지 않지요. 이처럼 본래면목의『화엄경』부터 시작하여 언설『화엄경』에 이르기까지『화엄경』은 각 단계별로 매우 다양한 범위에서 생각해 볼 수 있습니다. 따라서 여러분이『화엄경』을 생각할 때 상식의 틀에 맞추어서 재단하지는 마시기 바랍니다.

『화엄경』은 만들어진 것인가?

『화엄경』이 대략 이런 맥락의 의미를 지닌 것이라면, 이를 바탕으로 다시 앞의 물음인 "『화엄경』은 만들어진 것인가?"로 돌아가 생각해 봅시다. 본래면목의『화엄경』, '나'가 조금도 모자람 없는 부처님임을 설하는 법신 비로자나불로서의『화엄경』을 생각한다면 이것은 만들어진 것이 아니라고 생각할 수 있습니다. '나'의 본래면목은 다른 누구나 무언가에 의해서 만들어진 것이 아니니까요. 이것을 불교에서는 무위법(無爲法)이라고 합니다. 그러나 '나'가 법신 비로자나불로서의『화엄경』으로 인식되기 위해서는 '나'에 대한 올바른 깨달음이 필요하고 거기에는 한량 없는 중중무진의 인연이 있습니다. 이런 측면에서, 인식된 『화엄경』은 만들어진 것이라고 할 수 있습니다. 이것을 유위법(有爲法)이라고 일컫습니다.

조금 쉬운 이야기를 해 보죠. 언설 『화엄경』은 어떨까요? 용궁에 있다는 상본이든 중본이든 하본이든, 또는 우리가 지금 볼 수 있는 간략본이든 이것은 전부 인연에 따라 만들어진 연기법입니다. 따라서 만약 (논의를 위해 작업가설적으로) 언설 『화엄경』에 한정해서만 말한다면 『화엄경』은 만들어진 것이라고 할 수 있습니다. 하지만 노파심에 불필요한 사족을 붙이자면, 언설 『화엄경』 또한 사과나 만년필과 같이 그 자체로 법신 비로자나불인 『화엄경』이라는 측면에서는 또 만들어진 것이 아니기도 합니다.

『화엄경』이 만들어진 이유

이상과 같은 맥락에서 일단 『화엄경』이 만들어진 것이라고 한다면, 『화엄경』은 왜 만들어졌을까요? 당연히 모든 중생들이 '나'의 참모습을 여실히 파악함으로써 이고득락하게 하기 위해 만들어진 것입니다. 왜냐하면 『화엄경』 또한 불교이므로 불교의 근본 목표를 추구하기 때문이지요.

그렇다면 다음과 같은 물음이 뒤따르게 됩니다. 『화엄경』 외에도 불교의 근본 목표와 이를 위한 방법과 내용을 설하는 경전들이 매우 많은데, 왜 굳이 『화엄경』이 필요할까요? 그런데 이 물음을 역으로 생각해 보면, 다른 경전들이 불교의 근본 목표 등을 설하고 있는데도 불구하고 『화엄경』이 만들어졌다는 사실은 다른 경전들이 설하는 불교의 근본 목표와 방법과 내용에 대해서 무언가 불만족스러운 부분이 있었다거나 그 밖에 달리 말하고 싶은 내용이 있었다는 것을 의미합니다. 즉 누군가가 보기에 다른 경전들이 석가모니 부처님의 가르침을 여실히, 모자람 없이 전달하지 못하기에 석가모니 부처님의 가르침을 원만히 드러낸 원교로서의 『화엄경』을 만들었다고 생각할 수 있습니다.

『화엄경』을 만든 누군가가 그토록 전하고 싶었던 부처님의 가르침은 무엇일까요? 결국 『화엄경』이 만들어지게 된 이유는 '나'에 대한 여실한 이해가 무엇이냐에 있습니다. 이해를 통해서 근본 목표인 이고득락을 이루기 때문입니다. 불교를 따르는 한 '나'에 대한 여실한 이해는 곧

무아인 연기입니다. 하지만 이 무아·연기인 '나'를 어떻게
이해하는가는 또 다른 문제입니다.

'나'의 참모습 – 유심

『화엄경』은 다른 경전의 '나'에 대한 이해가 어떤 점에서 만족스럽지 못했기에, 무엇이라고 이야기하고 싶었기에 이 세계에 언설로 나타난 것일까요? 여러 가지가 있겠지만 저는 (앞서 『화엄경』의 핵심으로 소개했던) '나'의 참모습이 조금도 모자람 없는 부처님임을 모든 중생들에게 확신시켜서 이고득락을 이루게 하고자 한 것이 『화엄경』이 이 세계에 언설로 나타난 가장 중요한 원인이라고 생각합니다.

'나'가 온전한 부처님임을 확신시키는 것이 『화엄경』이 언설로 만들어진 이유라고 주장했습니다만 이에 대해서 조금 설명이 필요해 보입니다. 여기에는 여러 접근 방식이 있을 수 있는데, 이 책에서는 '유심(唯心)'이라는 교설을 통해서 그 의미를 드러내고 이로써 『화엄경』이 만들어진 이유와 문제의식을 생각해 보고자 합니다.

대략 기원전 1세기경부터 출현하는 대승 경전은 설

일체유부 등으로 대표되는 기존의 불교 전통이 석가모니 부처님의 무아·연기를 올바로 이해하지 못한 반쪽짜리라고 폄하했습니다. 설일체유부는 '나'를 포함한 이 세계는 실체인 존재 요소(dharma, 法)에 의해서 이루어진 것으로 봅니다. '나'는 무아이고 연기한 것이라 공하지만 이를 구성하는 다르마는 실재한다는, 이른바 아공법유(我空法有)가 석가모니 부처님의 무아·연기에 대한 바른 이해라고 주장하였지요. 대승불교 팀의 1번 타자인 반야부 경전은 이러한 아공법유설을 철저히 부정하고 모든 것이 공하다는 주장(我空法空)을 펼쳤습니다. 반야부 경전의 후속 타자들 중 일부는 공 사상을 바탕으로 '나'를 포함한 이 세계가 오직 마음일 뿐이라는 유심 사상을 제기했고, 그 가운데 4번 타자의 자리에 서는 것이 바로『화엄경』입니다.

지금까지 계속『화엄경』이야기를 해 왔는데 정작 구절 하나를 보지 않았네요. 마치 하루 종일 커피 이야기를 하면서 커피는 마시지 않는 사람들처럼 말입니다. 이제 커피 한 모금 마셔 보도록 할까요.

『화엄경』은 유심의 도리를 곳곳에서 설하고 있는데

그중에서 가장 유명한 것은 『화엄경』 네 번째 모임 중 「야마궁중게찬품」에서 설해지는 이른바 '유심게(唯心偈)'입니다. 방금 '몇 번째 모임', '무슨 무슨 품'이라고 하였는데 이와 관련된 『화엄경』의 구조와 번역본의 종류 등에 대해서는 다음 장에서 간략히 소개하도록 하겠습니다.

"마음은 화가와 같아서 모든 세상을 그려내니
오온이 모두 마음에서 생겨나 짓지 않는 법이 없다.

마음과 같이 부처님도 또한 그러하며 부처님과 같이 중생도 그러하니
마땅히 알라. 부처님과 마음은 체성이 모두 다함이 없다.

만약 어떤 사람이 마음 작용이 모든 세상을 두루 지어냄을 안다면
이 사람은 곧 부처님을 뵙고 부처님의 진실한 성품을 알게 되리라.

마음은 몸에 머무르지 않고 몸 또한 마음에 머무르지
않으면서
능히 부처님의 일을 지으니 자유로움이 일찍이 없었
던 일이다.

만약 어떤 사람이 삼세의 일체 부처님을 분명히 알고
자 한다면
마땅히 법계의 성품을 관하라. 일체는 오직 마음이
짓는다."

위 글은 「야마궁중게찬품」에 설해지는 유심게 10게
송 중 뒷부분에 해당하는 게송입니다. 특히 마지막 게송
은 『화엄경』의 수많은 게송 중에서 '화엄경 제일게(第一
偈)'라고 불리며 예로부터 매우 중요시되어 왔습니다.

유심게의 전체 내용은 바로 여기에 집약되어 있다고
도 할 수 있습니다. 즉 일체유심조, "일체는 오직 마음이
짓는다"입니다. 석가모니 부처님의 가르침에 따르면 일체
모든 법은 무아이고 연기하는 것인데 이를 『화엄경』은 '일
체유심조'로 해석하고 있습니다. 이 문장은 '법계의 성품'

을 관찰한 내용입니다. 즉 이 세상 만물의 참모습(즉 법계의 성품)을 관찰한 결과 '일체유심조'라는 것이지요.

사실 이 '일체유심조'라는 말 그 자체는 법계로 들어가게 하는 열린 문이 될 수도 있지만 동시에 법계로 가는 길을 가로막는 닫힌 문이 될 수도 있습니다. 일체유심조 또한 여러분이 어떻게 법계를 관찰하고 일체유심조가 무엇인지를 관찰하는가에 따른 연기법이기 때문입니다. 따라서 일체유심조는 『화엄경』의 다른 모든 문구와 마찬가지로 '받아들이는 것'이 아니라 '관찰하는 것', 또는 '확인하는 것'이라고 할 수 있습니다. 일체유심조의 '일체'가, '는(은)'이, '오직'이, '마음'이, '이(가)'가, '짓는다'가, '.'가 무엇인지 여러분 스스로 자기의 법계에서 자기의 마음으로 관찰해야 합니다. 그렇지 않으면 그냥 무심코 쓰레기통에 던져 버리는 과자 포장지 뒷면에 인쇄된 알 수 없는 성분 표시와 다를 바 없습니다. 물론 그 성분 표시도 여러분의 관찰에 따라서는 『화엄경』의 문구가 될 수 있다고 앞에서 이야기한 바 있습니다.

서로 다른 유심

여러분의 관찰에 득이 될지 독이 될지 모르겠지만, 옛 분들의 생각은 어떠했는지 참고삼아 살펴보겠습니다. 일체유심조에 대해서 예로부터 수많은 논의가 있었기에 다 소개할 수는 없고, 여기에서는 '유심'에 대해서만 간략히 생각해 보겠습니다.

'유심'에 대한 논의의 주안점은 '마음(心)이 무엇이냐'입니다. 이 구절을 비롯하여 『화엄경』에 나오는 '유심'의 마음에 대해서 대승불교 내 전통적인 입장은 크게 세 가지로 나누어 볼 수 있습니다. 그러나 다음의 내용은 어디까지나 이해의 편의를 돕기 위한 도식적인 설명일 뿐입니다.

첫 번째는 유식(唯識) 사상의 입장입니다. 유식 사상은 『화엄경』의 '유심'을 '유식', 즉 '오직 식'으로 이해합니다. 『화엄경』 중 「십지품(十地品)」(정확하게는 별도로 유통되던 『십지경』)에는 앞서 소개한 유심게와 더불어 『화엄경』의 유심 사상을 대표하는 다음의 구절이 있습니다.

"삼계에 속한 것은 오직 마음일 뿐이다."

이 구절은 유식학파를 대표하는 논사로 5세기 초중반에 활동한 무착(無著, Asaṅga)과 그의 동생인 세친(世親, Vasubandhu)의 여러 저술, 예를 들면 유식 사상을 확립했다고 평가받는 『유식이십론(唯識二十論)』에서 유식 사상을 증명하는 경전 증거로 사용됩니다.

이러한 입장에 따른다면 '일체는 오직 식이 짓는' 것이고 '삼계에 속한 것은 오직 식일 뿐'입니다. 여기에서 '식'은 연기한 현상(依他起性)을 개념을 통해서 분별하는(遍計所執性) 잘못된 인식 또는 그 흐름을 가리킨다고 할 수 있습니다. 따라서 이 경우 '식'은 잘못된 인식으로서 '망식(妄識)' 또는 '염오식(染汚識)'이라고도 하며 이 식이 지어내는 '일체' 또한 오염된 세계, 망경계로 파악됩니다. 물론 이러한 망경계로서의 대상은 '오직' 식에 의해서 나타난 것일 뿐 실재하지 않는다는 것이 유식불교의 주장입니다.

두 번째는 여래장 사상의 입장입니다. 여래장 사상은 대승 『대반열반경(大般涅槃經)』과 『여래장경(如來藏經)』 등으로부터 비롯된 것으로 '일체중생이 모두 불성을 간직하고 있다'라는 문구로 대표될 수 있습니다. 이때 '여래장(如

來藏, tathāgatagarbha)'의 의미에 대해서는 여러 해석이 있지만 일단 '여래를 지닌', 나아가 '불성을 지닌' 정도의 의미로 보겠습니다.

이러한 여래장 사상을 집대성한 논서가『구경일승보성론(究竟一乘寶性論)』입니다. 이 논서는『화엄경』의 또 다른 품인「여래출현품(如來出現品)」에 설해지는 열 가지 여래의 마음 중 열 번째 마음을 설명하기 위한 비유, 이른바 '미진경권유(微塵經卷喩)', 즉 '미세한 티끌 속에 모든 세계의 일을 기록한 책이 있어 어느 지혜로운 사람이 그 책을 꺼내 모든 사람이 이익을 얻도록 한다'라는 내용의 비유를 인용합니다. 이 비유로 말하고자 하는 핵심은 다음과 같습니다. 이 세계의 모든 일을 기록한 책이 있지만 티끌 속에 있어서 사람들이 이익을 얻지 못하는 것처럼, 모든 중생이 다 여래의 마음을 갖추고 있음에도 그것을 출현시켜서 활용하지 못하고 있다는 것입니다.

『구경일승보성론』은 이 경문을 인용하여 중생의 마음이 본질적으로 부처님의 마음과 다르지 않으나 현실적으로는 그 부처님의 마음이 출현하지 못하고 갈무리되어 있음을 주장하고 있습니다. 다시 한번 비유적으로 표현을 하면 중생의 마음은 본래 부처님의 마음인데 여기에 번뇌의 때가 껴서 부처님의 마음으로 지금, 여기에서 살고 있지 못한다는 것이지요. 즉 청정한 불성과 염오의 번뇌가 화합된 상태(眞妄和合)로 지금, 여기의 중생을 바라보고 있습니다.

이러한 입장은 나아가 이 세계를 바라보는 데에도 적용됩니다. '삼계에 속한 것은 오직 마음일 뿐'이고 '일체는 오직 마음이 짓는' 것이며, (여래장 사상에 의한다면) 본래는 부처님의 마음이지만 번뇌(그 자체는 사실 공)에 뒤덮인 진망화합의 마음이 지어내는 이 세계 또한 진망화합의 세계로 인식됩니다.

세 번째는 이 책이 『화엄경』 해석의 길잡이로 선택한 초기 화엄교학의 입장입니다. 많은 분들이 이미 짐작하시리라 생각됩니다만 이 입장은 지금, 여기의 '나'의 마음이 부처님의 마음과 본질적으로나, 현실적으로나 어떠한 차이도 없다고 주장합니다. 더 정확히 말하자면 본질이나 현실과 같은 구분 자체가 불가하기에 '나'의 마음이 곧 부처님의 마음인 것으로, 여기에는 본래적 동일과 현상적 차별 같은 것을 이야기할 수 없습니다.

앞서 소개한 유심게 중 두 번째 게송과 마지막 게송은『화엄경』의 첫 번째 한문 번역본에서 다음과 같이 나와 있습니다(나중에 다시 소개하겠지만 이 첫 번째 번역본이 바로 초기 화엄교학을 일군 지엄·의상·법장 스님이 이용한『화엄경』입니다).

"마음과 같이 부처님도 또한 그러하며 부처님과 같이 중생도 그러하니
마음과 부처님과 중생, 이 셋은 차별이 없다.

만약 어떤 사람이 삼세의 일체 부처님을 알고자 한다면
마땅히 이처럼 관찰하라. 마음이 모든 여래를 짓는다."

초기 화엄교학이 '나'의 마음을 바라보는 입장은 물론『화엄경』전체를 살핀 결과이겠지만, 이 게송을 그대로 받아들인 것으로도 이해할 수 있습니다. 즉 '나'로 대표되는 중생과 부처님과 마음은 어떤 차별도 없으며 '나'의 마음이 곧 부처님의 마음입니다. 이 사이에는 어떠한 개념

의 간극도 허용하지 않습니다. 이를 달리 표현하면 유심이므로 '나'는 곧 마음이며 이 마음이 곧 부처님입니다. 따라서 '나'는 곧 부처님인 것입니다. 물론 이러한 주장이 삼단 논법처럼 정리될 수 있는 것은 아닙니다만 굳이 표현하자면 그렇습니다.

그러므로 이 마음, '나'의 마음이자 부처님의 마음이 지어내는 '일체'와 '삼계에 속한 것'은 모두 부처님의 세계로서 오직 참일 뿐인 세계입니다. 이러한 입장을 철저히 따른다면 법계의 모든 현상, 두두물물은 모두 '나'의 일이며 그대로 '나'로서 곧 여래 출현의 세계입니다.

화엄의 유심

지금까지 『화엄경』의 유심 또는 마음에 대한 세 가지 이해 방식을 살펴보았습니다. 만약 세 번째, 초기 화엄교학의 입장을 따른다면 『화엄경』이 언설로 만들어진 이유는 바로 유심 사상을 통해서 '나'가 온전한 부처님임을 확신시켜 이고득락하게 하기 위한 것입니다. 왜냐하면 『화엄경』이 언설로 만들어질 당시에 대승불교의 '나' 이해가 동일하지만은 않았고, 『화엄경』은 다른 대승 경전들과는 달리

'나'가 곧 부처님이라는 이해가 '나'의 참모습인 무아·연기의 올바른 이해라고 생각했기 때문이지요. 이러한 입장은 여러 방편을 통해서 설명될 수 있는데 그 중 『화엄경』이 중요시한 것이 바로 마음을 통한 '나'와 부처님의 이해이고, 이것이 『화엄경』의 유심 사상입니다.

달리 말해 『화엄경』을 알고자 하는, 또는 『화엄경』을 알아야 하는 이유가 있다면 그것은 바로 자기 자신을 알기 위함이고, 그 결과 자기 자신이 부처님임을 알고서 부처님으로서 살아가는 방법을 알기 위한 것이라고 할 수 있습니다.

초기 화엄교학에 의거하여 이처럼 『화엄경』을 이해한다면, 그 『화엄경』이 '나'는 곧 부처님이라고 설할 때의 부처님은 무슨 의미이고 그 부처님과 지금, 여기의 '나'의 관계는 무엇을 뜻하나요? 우리는 그 둘이 같다는 것만 이야기했지 정작 그 둘이 정확히 무엇인지에 대해서는 아직 생각해 보지 않았습니다. 이에 대해서는 다음 장에서 차츰 생각해 보도록 하겠습니다.

물론 이것은 어디까지나 초기 화엄교학의 입장에 따라서 '언설 『화엄경』'이 만들어진 이유를 살펴본 것입니다. 만약 다른 입장을 선택한다면 얼마든지 다른 이유를 찾아볼 수 있겠지요. 다만 어디까지나 여러분들이 어느 누구에게도 의존하지 않고 여러분 자신의 마음을 여러분 스스로 '관찰하는 것'이고 '확인하는 것'이어야 할 것입니다.

여러분은 『화엄경』의 유심, 즉 마음에 대한 앞의 세 가지 해석 중 어느 것이 '마음'에 드시나요? 어떤 마음에 점을 찍으실 건가요?

3

『화엄경』이
말하고자 하는 것은
무엇일까

『화엄경』이 말하고자 하는 내용에 들어가기에 앞서서 이제까지의 내용을 간단히 정리해 보겠습니다.

첫째, 『화엄경』을 왜 읽어야 하는가? (의의)

만약 행복해지길 원한다면 『화엄경』이 길잡이가 될 수 있습니다. 그런데 왜 굳이 『화엄경』일까요? 『화엄경』의 불교는 여타 불교와는 다른 입장의 행복과 행복의 길을 이야기하고 있기 때문입니다. 이러한 입장에 왠지 모르게 이끌린다면, 무시할 수 없다면 그런 분들에게 『화엄경』은 어떤 의미로 다가갈 수 있겠지요. 그리고 그 『화엄경』의 입장이란 "지금, 여기의 '나'가 온전한 부처님이다"라고 말할 수 있습니다.

둘째, 『화엄경』은 왜 만들어졌을까? (문제의식)

온 법계의 모든 현상이 "'나'가 곧 부처님"이라고 자기 자신을 통해서 이야기하고 있다는 점에서, 그 모든 현상이 바로 『화엄경』이라는 것이 초기 화엄교학의 입장입니다. 이를 말로 표현한 언설 『화엄경』은 언설과 인연을 함께하는, 즉 그 언설을 이해하는 중생의 행복을 위해서 만들어졌다고 할 수 있습니다. 행복을 추구하고 있으나 부족한 '나'가 수행을 통해서 완전한 부처님이 되는 것을 목표로 하는 다른 불교와 달리 『화엄경』은 '나'가 그대로 온전한 부처님임을 깨달음으로써 중생이 행복해질 수 있다는 문제의식을 가지고 있습니다.

셋째, 『화엄경』이 말하는 것은 무엇인가? (중심 내용)

법계에 두루한, 법계 그 자체인 『화엄경』은 자신의 참모습, 말하자면 '나'가 온전한 부처님임을 스스로를 통해서 다양한 방법으로 나타내고 있습니다. 그뿐입니다. 사과 그 자체만큼 사과를 잘 나타내는 것은 없습니다. 그러나 이러한 표현 방법에 익숙하지 않은 이들을 위해 말로 표현한 언설 『화엄경』은 '나'의 참모습, 즉 이제까지 귀가, 아니 눈이 따갑게 반복해 온 "나'가 온전한 부처님"이라는 것이 어떤 의미인지, 그것을 어떻게 지금, 여기의 삶에 구현할 것인지, 그것이 구현된 삶은 어떠한 삶인지에 대해서 설명합니다. 이것이 바로 언설 『화엄경』의 중심 내용이라고 할 수 있습니다. 그러므로 이번 장과 다음 장에서는 이 세 가지에 대해서 간략히 생각해보고자 합니다. 참고로 이 장과 다음 장에서 『화엄경』은 특별히 다른 언급이 없는 한 '언설 『화엄경』'을 가리킵니다.

안다는 것

●

안다는 것은 무엇일까요? 여기에 사과가 있습니다. 사과를 알기 위해서 여러분은 무엇을 하시겠습니까? 어떤 분들은 자기 눈으로 보고 있는 사과를 집어서 향기를 맡고, 먹어 볼 것입니다. 그러면 그 사과의 감촉, 냄새, 맛 등을 알 수 있겠지요. 어떤 분들은 먼저 그 사과의 원산지, 생산자, 재배 방식(무농약, 유기농 등), 품종 같은 정보를 포장지 등에서 확인하고자 할 수도 있습니다. 여러분은 어떤 방법을 선호하시나요? 사람마다 다르겠지만 사과의 온전한 '앎'과 그것으로부터 최대한의 '이익'을 얻기 위해서라면 저는 두 가지 접근 방식을 다 사용할 것입니다. 그렇게 하면 그 사과를 먹는 나와 다른 이들의 안전과 건강을 최대화할 수 있기 때문입니다. 즉 두 방법 중 어느 한 쪽도 경시하거나 소홀히 할 필요는 없다고 생각합니다. 함께 했을 때 시너지 효과가 생기기 때문이지요.

만약 여러분이 『화엄경』을 알고 그것으로부터 어떤

이익을 얻고자 한다면 사과의 경우와 같이 두 가지 접근 방식이 있을 것입니다. 하나는 『화엄경』을 직접 읽어 보고 그것을 자신의 마음으로 음미하는 체험적 접근 방식이고, 또 하나는 『화엄경』의 제목, 구조, 다른 이들의 이해 등을 파악하고 따져 보는 분석적 접근 방식입니다. 사과와 마찬가지로 저는 상호 보완적인 두 가지 방식을 함께 활용해야 우리 모두의 이익을 최대화할 수 있다고 생각합니다. 『화엄경』을 직접 읽으면서 이를 자신의 마음에 비추어 보고 또한 동시에 『화엄경』에 대한 기존의 여러 가지 해석을 살펴보면서 이를 이해에 적용하는 것이지요.

새의 두 날개, 수레의 양쪽 바퀴는 비록 진부한 비유이기는 하지만 여러분의 『화엄경』 이해에 여전히 적절한 표현이라고 생각합니다. 다만 여기에서 체험적인 접근 방식을 직접 다룰 수는 없겠습니다. 이 글은 주로 분석적인 접근 방식을 다루면서 이를 바탕으로 체험적인 접근 방식을 소개하겠습니다. 이 책의 목적은 어디까지나 여러분이 『화엄경』을 통해서 삶의 어떤 이익을 얻을 수 있다는 가능성을 제시하고, 그것을 위한 최소한의 실마리를 제공하는 것이기 때문입니다.

『화엄경』의 편찬

먼저 우리가 『화엄경』을 읽으려고 마음을 냈을 때 실제로 접할 수 있는 『화엄경』의 종류를 살펴보겠습니다.

　『화엄경』의 종류를 알아보기 위해서는 우선 이 경전이 편찬된 맥락을 이해할 필요가 있습니다. 현재까지 편찬 과정을 정확하게 밝히진 못했지만, 대략 다음과 같이 추정하고 있습니다. 일단 『화엄경』은 어떤 저자 한 사람이 일시에 쭉 써 내려간 경전이 아닙니다. 개별적으로 유통되던 여러 경전 가운데 편찬자의 어떤 의도에 따라 고른 경전들을 뼈대로 삼고, 여기에 자신의 편찬 의도를 더욱 분명하게 드러내기 위해 새로 저술한 내용을 합하여 하나의 대규모 경전인 『화엄경』을 엮은 것으로 파악됩니다. 뼈대가 된 경전들에는 후대에 '화엄 사상'이라고 불리울 만한 내용들이 담겨 있었겠지요. 여기에서 '화엄 사상'이라고 하는 것은 (큰 틀에서 말하자면) 앞서 소개한 "'나'가 곧 온전한 부처님"이라는 사상을 가리킨다고 할 수 있습니다.

이를 조금 더 자세히 살펴볼까요?

첫째, 편찬자와 편찬 시기입니다. 『화엄경』은 언제, 누구에 의해서 편찬되었는지 알려져 있지 않습니다. 현재 우리가 볼 수 있는 『화엄경』은 어느 특정 시기에, 어떤 한 사람에 의해서 편찬되었다기보다는 기나긴 시간의 흐름 속에서 다수의 사람에 의해서 편찬되고 계속해서 수정·보완된 것입니다. 이 가운데 현존하는 『화엄경』 중 가장 오래된 『화엄경』(후에 소개할 『60화엄』)은 대략 250년에서 350년 사이에 편찬된 것으로 생각됩니다.

둘째, 편찬 지역입니다. 인도에서 기원 전후 무렵에 『반야경』을 비롯한 여러 대승 경전이 편찬될 때, 나중에 『화엄경』에 편입되는 경전들 또한 등장합니다. 이 가운데 대표적인 것이 『화엄경』 중의 「십주품」, 「십지품」, 「여래출현품」, 「입법계품」 등에 해당하는 단독 경전들입니다. 이러한 단독 경전들을 어떤 의도에 따라서 체계적으로 배치하고 일부는 새로 저술하여 집성·편찬한 것이 『화엄경』이라고 앞서 소개하였습니다. 이를 구분하기 위하여 「십지품」 등에 해당하는 단독 경전들을 '별행경', 이것들을 집성한 것을 '화엄대경'이라고 하며 이 둘을 합하여 '화엄부경전'이라고 합니다. 이 장과 다음 장에서 일컫는 '(언설)『화엄경』'은 '화엄대경'을 가리킵니다.

현재까지의 연구에 의하면 별행경들을 집성하여 『화엄경』으로 편찬한 지역은 별행경이 집필된 인도가 아니라 중앙아시아의 호탄(Khotan, 和田, 당시 우전국) 지역인 것으로 보입니다. 즉 재료에 해당하는 단독 경전들은 인도에서 저술되었고, 이를 모으고 일부는 새로 작성하여 지금의 『화엄경』이 완성된 곳은 중앙아시아 지역으로 추정합니다.

『화엄경』의 종류

위와 같이 추정된 맥락에서, 최초의 『화엄경』은 애초에 인도 고전어인 산스크리트어(Sanskrit, 梵語) 또는 이와 유사한 언어로 쓰였을 것으로 생각되지만 현존하지 않습니다. 지금 남아 있는 『화엄경』은 모두 번역본으로, 한문 번역본 두 종과 티베트어 역본 한 종이 있습니다. 한문 번역본의 경우, 처음으로 동아시아에 번역된 것은 중국 동진(東晉) 시대 북인도 출신의 불타발타라(Buddhabhadra, 覺賢, 359~429) 스님이 418년부터 420년까지 번역하고 421년에 교정을 완료하여 유통한 『대방광불화엄경』입니다. 이를 '진본(晉本)' 또는 '구경(舊經)'이라고도 하며, 번역 당시에는 50권이었던 것으로 보이지만 후에 60권본이 주로 유통되어 '60권본 『화엄경』' 또는 『60화엄』'이라고도 부릅니다. 이어서 대주(大周) 시대 실차난타(Sikṣānanda, 學喜, 652~710) 스님이 695년부터 699년 사이에 번역한 『대방광불화엄경』이 있습니다. 이를 '주본(周本)' 또는 '신경(新經)'이라고도 하며 80권으로 구성되어 '80권본 『화엄경』', 또는 『80화엄』'이라고도 일컫습니다.

한편 티베트어역 『화엄경』은 지나미트라(Jinamitra), 수렌드라보디(Surendrabodhi), 예 세 데(Ye shes sde) 등이 9세기 초반 전후에 번역한 것이 *Sangs rgyas phal po che zhes bya ba shin tu rgyas pa chen po'i mdo*('불장엄'이라는 대방광경)라는 제목으로 남아 있습니다. 이를 정리하면 다음과 같습니다.

경명	시기	역자	품수	권수
대방광불화엄경 (大方廣佛嚴經) (60화엄)	동진(東晉), 418~420	불타발타라	34	60 (50)
대방광불화엄경 (大方廣佛嚴經) (80화엄)	대주(大周), 695~699	실차난타	39	80
Sangs rgyas phal po *che zhes bya ba shin tu* *rgyas pa chen po'i mdo* (불장엄이라는 대방광경)	8세기 후반 ~ 9세기 초반	지나미트라, 수렌드라보디, 예셰데 등	45	-

　『화엄경』의 종류를 소개하면서 조금 복잡한 내용이 많이 나왔습니다. 물론 외울 필요는 전혀 없습니다. 다만 참고를 위해서 소개한 내용일 뿐입니다. 다음의 내용만 기억하시기 바랍니다. 현존『화엄경』은 한역본 두 종과 티베트어 역본 한 종이 있고, 우리가 주로 참고할 것은 한역본입니다. 한역본 두 종은 거의 비슷하다고 할 수 있지만 『60화엄』에서『80화엄』으로 내용이 증가하는 경향을 보입니다. 이 책에서는 두 한역본 중에서 내용과 구성이 좀

더 완비된 것으로 평가되는 『80화엄』을 기준으로 『화엄경』을 소개하고자 합니다.

　　다음으로 넘어가기에 앞서 한 가지 사족을 붙이겠습니다. 저는 제가 지금 들고 있는 『화엄경』을 볼 때 가끔 '이 종이로 된 『화엄경』이 내 손에 들어오기까지 어떠한 인연이 있었을까' 하는 생각을 합니다. 인도 어딘가에서 『십지경』의 보살행을 삼매 속에서 나타내 보이던 어떤 이의 호흡과, 중앙아시아의 어느 곳에서 여러 경전을 모아 하나의 『화엄경』으로 편찬하던 이가 듣던 바람 소리, 사막과 설산을 넘어 『화엄경』을 동아시아로 전달하던 순례자를 태운 낙타의 발자국, 그리고 안드로메다은하의 어떤 별에서 허공을 바라보는 어느 외계인의 시선에 이르기까지 중중무진, 거듭거듭 다함없는 인연의 총합이자 하나의 연기법이 바로 제가 지금 이 손에 들고 있는 『화엄경』임을. 이 종이로 된 『화엄경』은 그 자체로도 중중무진의 연기법이며 그것이 전하는 내용도 연기법임을. 이 『화엄경』이 없으면 우주 전체가 이루어지지 않음을. 이것이 이 책에서 다루고자 하는 『화엄경』의 내용이라는 생각을 하는 '나' 자신이 바로 『화엄경』임을.

『화엄경』의 제목

불교 전통에서는 경전의 제목이 그 안에 담긴 내용을 다 드러낸다고 하는 이해 방식이 있습니다. 그만큼 경전의 제목을 중시하고 그것의 풀이에 큰 의미를 부여한 것이지요. 이 글은 그 정도까지는 아니더라도 『화엄경』의 제목을 살펴봄으로써 경전의 취지를 살짝 맛보도록 하겠습니다.

앞서 『화엄경』 한역본과 티베트어 역본의 제목과 역자 등에 대해서 간략히 소개하였습니다. 그 가운데 한역본 두 종은 모두 제목이 '대방광불화엄경'이고, 티베트어 역은 이와 다른 제목을 가지고 있습니다. 이와 더불어 근래에 산스크리트어로 된 『화엄경』의 극히 일부가 발견되었는데, 이 단편을 통해 산스크리트어본의 제목을 확인할 수 있었습니다. 이 제목과 유사한 의미를 가진 티베트어 역본의 제목을 나란히 소개하면 다음과 같습니다.

산스크리트어 단편으로부터 파악한 제목

Buddhāvataṃsakanāmamahāvaipulyasūtra

붓 다 아바탐사카 나마 마하바이뿔랴 수뜨라

불 　 장엄 　 이라는 대 방광 　 경

티베트어 역본으로부터 파악한 제목

Sangs rgyas phal po che zhes bya ba shin tu rgyas pa chen po'i mdo

상	개	펠	포	체	셰	쟈	와	신	뚜	개	빠	챈	뾔이도
불		장엄			이라는			대방광					경

느닷없는 얘기입니다만 제 누나는 '통통이'라는 이름의 푸들을 키우고 있습니다. 그런데 누군가에게 이 개를 "통통이라는 예쁜 푸들 개"라고 소개한다고 해도 통통이의 이름이 '통통이라는 예쁜 푸들 개'가 되지는 않겠지요. 갑자기 무슨 뚱딴지같은 소리를 하나 싶으신가요? 여기서 '통통이라는 예쁜 푸들 개'라는 표현이 바로 산스크리트어 단편, 그리고 티베트어역의 제목과 같은 구조를 지니고 있습니다. 아래의 표를 보시면 이해가 더 쉽겠습니다.

불장엄	이라는	대	방광	경
통통이	라는	예쁜	푸들	개

오른쪽 끝부터 왼쪽으로 가며 설명해 보겠습니다. 먼저 '경(sūtra, mdo)'은 불교 전통에서 원칙적으로 부처님이

직접 설하였거나, 부처님의 가피를 받아 제자들이 설한 것을 가리킵니다. 『화엄경』의 경우, 부처님의 광명 설법에 의한 가피를 받은 보살들이 언설로 설한 것이기에 '경'이라고 한 것으로 이해할 수 있겠지요. '방광(方廣, vaipulya)'은 경의 하위 그룹입니다. 석가모니 부처님이 설한 경을 초기부터 아홉 가지(9분교), 또는 열두 가지(12분교) 등으로 내용과 형식에 따라서 구분하였는데 그중 하나가 '방광'입니다. 이 방광은 개중에서도 특히 규모가 크고 훌륭하기 때문에 '대'를 붙입니다.

이렇게 이해한다면 이 경전의 이름은 '불장엄'임을 알 수 있습니다. '불장엄' 이후의 말들은 이 경전의 성격을 전해 주는 것이지요. 그렇다면 '불장엄(buddhāvataṃsaka)'은 무엇을 의미할까요? 불교의 수행 방법 중 하나인 삼매(三昧, samadhi)의 한 종류를 가리킨다고 하는 해석이 있습니다. 즉 '불장엄 삼매'를 주 내용으로 하는 대방광경이라는 해석입니다. 이 해석에서 불장엄 삼매는, 간략히 말하자면 세상이 전부 부처님으로 장엄되어 있는 심상을 떠올려 그것을 계속 관찰하는 수행법입니다. 세계 어느 곳이나 부처님으로 가득한 이미지를 거듭 관찰함으로써 이 세계가 곧 불세계임을 확신하고, 이를 수행자의 삶 속에서 구현하려는 수행법입니다. 이 경우에 '불장엄'은 부처님에 의한 장엄으로 풀이할 수 있습니다.

한번 눈을 감고 연꽃 한 송이의 이미지를 떠올려 보시죠. 처음에는 그 연꽃이 선명하지도 않고 길게 지속되지도 않습니다. 하지만 계속 집중해서 반복하다 보면 점차 그 연꽃이 뚜렷하게, 오래 피어 있을 것입니다. 그리고 그 연꽃의 잎 하나에 부처님이 앉아 계신 이미지를 띄웁니다. 그리고 또 다른 잎에도, 그리고 또 다른 잎에도…. 그리고는 그 연꽃을 그대로 뚜렷하게 피워 놓은 채, 옆에 또 다른 연꽃을 이미지로 피웁니다. 다시 연꽃의 잎 하나에 부처님이, 그리고 또 다른 잎에도, 그리고 또 다른 잎에도 부처님이 앉아 계신 이미지를 띄웁니다. 이것을 반복하여 이 세계 전체에 부처님이 가득한 이미지를 띄우기를 반복합니다. 그 이미지가 더욱 선명하게 보다 지속될 수 있도록 반복합니다. 이것이 간략히 설명한 불장엄 삼매입니다. 이러한 수행을 통해서 수행자는 자신을 포함한 세계가 부처님으로 가득한, 불장엄의 세계임을 바라봅니다.

이러한 이야기를 들으면 당연히 '그것은 한낱 상상

속의 이미지일 뿐, 현실 속의 세계는 아니지 않느냐'는 반문을 할 수밖에 없습니다. 물론 이러한 관찰이 현실과 상상을 혼동하는 돈키호테의 망상에 지나지 않을 수도 있습니다. 다만 제가 한 가지 조심스럽게 제안하고자 하는 것은, 이러한 수행자에게 돈키호테라는 낙인을 찍기 전에 잠시 유보의 시간을 가져 보자는 것입니다. 앞서 소개한 유심의 사고방식을 떠올리면서 우리는 무엇을 기준으로 상상과 현실을 당연하게, 아무 의심 없이 구분하는지 생각해 보면서 말이지요.

한편 한역의 제목은 『60화엄』과 『80화엄』 모두 '대방광불화엄경'입니다. 얼핏 보기에도 산스크리트어본 및 티베트어역의 제목과 다른 것을 알 수 있지요. 산스크리트어본에서는 경의 제목 뒤에서 종류를 가리키는 말인 '대방광'이 한역에서는 '불화엄' 앞으로 와 일종의 수식구가 되어 있습니다. 그렇다고 한역 제목의 '대방광'을 경의 종류로 이해할 수 없는 것은 아니지만 다른 방식의 이해가 가능하게 되었고, 실제로 화엄종에서는 다른 이해 방식을 더욱 선호하였습니다.

화엄종에서는 이 경의 제목에 대한 다양하고 독창적인 해석이 이루어졌습니다. 가장 큰 특징이라고 한다면 (뜻글자인 한문의 주석 전통에 영향을 받은 까닭인지는 모르겠습니다만) 이 경 제목을 해석한 사람들이 산스크리트어를 알고 있었음에도 불구하고 제목의 일곱 글자를 낱낱으로 끊어 글자마다 새로이 깊은 의미를 부여한 점입니다. 예를 들어 산스크리트어에서 '방광'을 의미하는 'vaipulya'는 한 단어이지만, 화엄종에서는 '방'과 '광'으로 나누어 각각에 다른 의미를 부여하는 방식으로 풀이합니다. 이러한 풀이 중에 법장 스님의 풀이 중 일부를 맛보기 삼아 소개하면 다음과 같습니다.

대	방	광	불	화	엄	경
말해지는 뜻						말하는 가르침
비유되는 대상				비유하는 것		
깨달아지는 경계			깨닫는 사람			
구분하는 것	구분되는 것					

첫 번째, '경'은 말하는 가르침이고 나머지는 그 가르침이 뜻하는 바입니다. 따라서 이 경은 '대방광불화엄'을 가르친다는 의미입니다.

두 번째, 그 의미 중에서 '화엄'은 '대방광불'을 비유하는 것입니다. 여기에서도 산스크리트어 제목과 다른 이해가 보이지요. 인도 전통에서는 '불'과 '화엄'을 나누지 않습니다. 반면 동아시아에서는 이 둘을 나누어서 '불'을 '대방광'과 함께 비유의 대상으로 풀이하는 독창적인 이해를 보입니다.

세 번째, 비유되는 대상에서 '불'은 깨닫는 사람 또는 깨달음의 지혜를 가리키고 '대방광'은 그 사람 또는 지혜가 깨닫는 경계를 의미합니다. 즉 부처님이 대방광을 깨닫는 것이죠.

네 번째, 깨달음의 경계인 '대방광'에서 깨달음의 경계 그 자체는 '방광'입니다. 대승·진실·과보를 뜻하는 '대'를 통해서 소승의 방광, 방편의 방광, 원인의 방광이 아님을 나타낸다고 이해한 것입니다.

상당히 복잡한 내용이지만 정리하면 이 경은 화엄으로 비유된, 부처님이 깨달은 대승의 진실한 과보인 방광을 설하는 것입니다. 여기에서도 앞서 소개한 초기 화엄 교학의 『화엄경』에 대한 입장이 잘 드러나 있습니다. 불설이 아닌 설불, 즉 부처님과 부처님의 세계를 나타내는 경전이라는 입장입니다. 이런 의미에서는 산스크리트어 제목, 즉 이 세계 곳곳을 부처님이 화엄하고 있다는 의미와 일맥상통한다고도 볼 수 있습니다.

『화엄경』의 구조

『화엄경』은 다른 대승 경전들과 비교했을 때 매우 규모가 큰 경전에 해당하고, 또 앞서 소개한 바와 같이 기존의 별행경들을 어떤 의도에 따라 골라 모아서 편찬한 것입니다. 따라서 『화엄경』이 어떤 구조로 이루어져 있는가를 살펴보는 것은 편찬 의도와 『화엄경』 내에서 각 부분이 차지하는 위치와 의미를 파악하는데 매우 중요합니다.

『화엄경』의 구조는 이를 파악하는 사람마다 다르다고 할 정도로 다양하지만, 이 구조를 파악하는 기본 구성요소는 장소(處)·모임(會)·주제(品)입니다. 한역 『화엄경』인 『60화엄』과 『80화엄』은 기본적인 구조는 비슷하지만 세부적으로 다른 부분이 있습니다. 앞으로는 『80화엄』을 기준으로『화엄경』의 구조와 그 의미에 대해서 간략히 소개하겠습니다.

전체 틀을 파악하기 쉽도록,『80화엄』의 목차를 소개하자면 다음과 같습니다.

회	처	품
	『80화엄』(7처 9회 39품)	
1	법보리장	① 세주묘엄품
		② 여래현상품
		③ 보현삼매품
		④ 세계성취품
		⑤ 화장세계품
		⑥ 비로자나품
2	보광명전	⑦ 여래명호품
		⑧ 사성제품
		⑨ 광명각품
		⑩ 보살문명품
		⑪ 정행품
		⑫ 현수품
3	수미산정 (도리천)	⑬ 승수미산정품
		⑭ 수미정상게찬품
		⑮ 십주품
		⑯ 범행품

		⑰ 초발심공덕품
		⑱ 명법품
4	야마천	⑲ 승야마천궁품
		⑳ 야마궁중게찬품
		㉑ 십행품
		㉒ 십무진장품
5	도솔타천	㉓ 승도솔천궁품
		㉔ 도솔궁중게찬품
		㉕ 십회향품
6	타화자재천	㉖ 십지품
7	보광명전(두 번째)	㉗ 십정품
		㉘ 십통품
		㉙ 십인품
		㉚ 아승지품
		㉛ 수량품
		㉜ 제보살주처품
		㉝ 불부사의법품
		㉞ 여래십신상해품
		㉟ 여래수호광명공덕품
		㊱ 보현행품
		㊲ 여래출현품
8	보광명전(세 번째)	㊳ 이세간품
9	서다림급고독원 대장엄중각 53선지식 처소	㊴ 입법계품

이 목차에서 알 수 있듯이 『80화엄』은 일곱 장소(7처)에서 아홉 번 모여(9회) 서른아홉 가지 주제(39품)에 대해서 다루는 구조로 이루어져 있습니다.

일곱 장소는 먼저 지상과 천상으로 나눌 수 있습니다. 지상의 장소는 (1) 석가모니 부처님이 깨달은 장소인 보리수나무 아래와 그 주변을 일컫는 법보리장, (2) 일설에 의하면 법보리장으로부터 멀지 않은 곳에 위치한 보광명전, (3) 기원정사(祇園精舍)로 널리 알려진 서다림급고독원의 대장엄중각입니다. 이 가운데 보광명전에서는 총 세 번의 설법 모임이 열리므로 일곱 장소에서 아홉 번 모임이 벌어집니다. 마지막에 등장하는 서다림급고독원의 대장엄중각에 대해서는 조금 설명이 필요합니다. 여기에서는 제9회인 「입법계품」이 설해지는 것으로 되어 있지만, 실제로는 처음에만 대장엄중각에서 설법이 시작되고 이어서 다양한 선지식이 여러 곳에서 설법을 펼치는 구조입니다. 그러나 대장엄중각에서 행해지는 처음의 근본 설법이 나머지 설법을 총괄한다고 생각해, 제9회의 장소를 서다림급고독원의 대장엄중각이 대표한다고 전통적으로 이해하여 왔습니다.

천상의 장소는 불교의 우주관을 바탕으로 합니다. 욕계와 색계와 무색계로 구성된 불교의 우주관 가운데 욕계에는 여섯 곳의 천상이 있습니다. 『80화엄』은 그중 도리천(또는 33천), 야마천, 도솔천, 타화자재천을 설법 장소로 설정하였습니다.

한편 회차를 기준으로 『80화엄』을 크게 나누면 2부 구성으로 볼 수 있습니다.

1부: 제1회 ~ 제8회(제1품 ~ 제38품)
2부: 제9회(제39품 「입법계품」)

1부에서 『80화엄』의 전체 내용이 한 번 전개되고, 2부에서는 선재동자라고 하는 인물이 등장하여 1부의 내용을 증득하는 과정을 보임으로써 재현하는 이중 구조로 되어 있습니다. 따라서 『화엄경』의 전체 내용을 구조적인 측면에서 살펴보고자 할 때는 1부의 구조를 파악하는 것에서 시작할 수 있습니다. 이를 도표로 표시하면 다음과 같습니다. 여러 이름이 복잡하게 얽혀 있습니다만 큰 구조를 봐주시기 바랍니다.

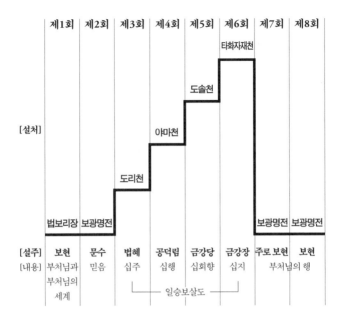

	제1회	제2회	제3회	제4회	제5회	제6회	제7회	제8회
[설처]						타화자재천		
					도솔천			
				야마천				
			도리천					
	법보리장	보광명전					보광명전	보광명전
[설주] [내용]	보현 부처님과 부처님의 세계	문수 믿음	법혜 십주	공덕림 십행	금강당 십회향	금강장 십지	주로 보현 부처님의 행	보현
			└── 일승보살도 ──┘					

　　설처를 기준으로 설명하자면 먼저 제1회에서 석가모
니 부처님이 깨달은 곳인 법보리장에서 『화엄경』이 시작
됩니다. 이 모임에서 보현보살이 부처님과 부처님의 세계
에 대해서 설하고, 이어지는 제2회는 법보리장과 가까운
보광명전에서 문수보살이 믿음에 관해서 이야기합니다.
여기까지는 지상에서 보현보살과 문수보살이 부처님과
부처님의 세계, 그리고 중생의 믿음에 대해서 설합니다.

제3회부터 제6회까지는 천상에서 설법이 진행됩니다. 이 천상의 설법에서는 십주·십행·십회향·십지로 대변되는 일승보살도, 즉『화엄경』의 보살도가 설해지며 이를 십지 경전 그룹이라고 합니다.

이어서 제7회와 제8회는 다시 지상의 보광명전으로 내려와, 깨달은 사람으로서 부처님의 행위와 복덕 등에 대해서 주로 보현보살이 설하는 내용입니다.

이 구조에서 한 가지 흥미로운 것은 지상에서 중생의 믿음과 부처님과 부처님의 세계와 부처님의 행을, 천상에서 일승보살도를 설한다는 점입니다. 일반적으로 천상을 지상보다 더 복덕이 많고 수승한 근기의 중생이 사는 곳으로 생각하지요? 그런데 여기『화엄경』에서는 일단 지상에서 중생과 부처님의 경계가, 천상에서 보살의 경계가 설해지는 것으로 되어 있습니다. 물론 그렇다고 중생과 보살과 부처님의 경계를 의도적으로 구분 지으려는 것으로 생각할 필요는 없습니다. 그보다는 지금, 여기의 '나'가 발 딛고 서 있는 이 땅이 바로 부처님이 깨닫고 행동하는 부처님의 세계임을 나타낸다고 생각하게끔 하는 설정으로 이해할 수 있습니다.

복잡한가요? 그래도 외운다거나 할 필요는 전혀 없습니다. "아, 이렇구나!" 정도면 충분합니다.

보석함과 똥통

이제까지 『화엄경』에서 '나'는 온전한 부처님이라고 줄기차게 주장하였지만 사실 이것은 빈 깡통의 요란한 소리와 같은 말이라고 생각합니다. 빈 깡통은 그 자체로 빈 깡통일 뿐입니다. 빈 깡통에 보석을 넣으면 빈 깡통은 보석함이 될 터이고 똥을 담으면 똥통이 되겠지요. 물론 보석함이 귀중하고 똥통이 더럽다는 말을 하고자 하는 것은 아닙니다. 다만 그 안에 무엇을 담느냐에 따라서 쓰임새가 완전히 달라진다는 이야기입니다. 보석함도, 똥통도 될 수 있는 빈 깡통처럼 "나'가 온전한 부처님"이라는 말도 마찬가지입니다. 여러분 각자가 무엇으로 채우느냐에 따라서 이 말은 여러분을 여래출현의 해탈도로 이끄는 활구(活句)가 되거나, 또는 대망어(大妄語)의 바라이죄에 빠뜨리는 요설(妖說)이 될 수 있습니다.

　그러므로 이 말을 대할 때 우리가 중시해야 할 것은 이 말 자체와 더불어 이에 못지않게, 아니 어쩌면 그 이상으로『화엄경』의 이해에서 이 말의 맥락과 의미가 무엇이냐는 점입니다. 즉『화엄경』의 부처님은 무슨 의미이며 그것이 '나'와 어떤 관계인지를 먼저 생각해 볼 필요가 있습니다.

『화엄경』이 바라보는 부처님

여러분은 '부처님'이라고 하면 어떤 부처님을 생각하시나요? 누구를, 무엇을, 어떤 조건을 갖추어야 부처님이라고 할 수 있을까요? 불교의 역사를 돌이켜 보면 '부처님이란 누구(무엇)인가?'에 대한 입장과 주장, 즉 불타관(佛陀觀)이 시간과 공간과 사람들에 따라서 다양하게 전개되어 왔습니다. 불교의 목표를 이룬 이가 부처님이고, 그 길을 우리에게 알려 주는 이가 부처님인 만큼 부처님 자체에 대한 저마다의 관심은 당연하다고 할 수 있겠지요.

　　『화엄경』은 다른 경전에서 찾아보기 어려운 자기만의 독특한 불타관을 갖고 있습니다. 이러한『화엄경』의 불타관 또한 읽는 이에 따라서 여러 가지로 해석될 수 있는데요. 이 책에서는 초기 화엄교학의 입장에서 '여래출현', '융삼세간불', '십불'의 세 가지 항목을 통해서『화엄경』이 바라보는 부처님은 어떤 분인지 생각해 보겠습니다.

여래출현

"이와 같이 내가 들었다.

한 때, 부처님께서 마갈제국의 아란야 법보리도량에서 비로소 정각을 이루셨다.

그 땅은 견고하여 금강으로 이루어졌으며 가장 미묘한 보배 바퀴와 온갖 보배 꽃과 청정한 보석이 그 땅을 장엄하고, 모든 색상 바다가 끝없이 나타났다. (…)

그 보리수는 높이 솟아 빼어났다. 금강이 밑동이고 유리가 줄기이며 온갖 미묘한 보배가 가지가 되었다. 보배 잎은 무성하여 그늘을 드리운 것이 구름과 같고 보배 꽃은 가지각색으로 가지마다 분포하여 그림자를 드리웠다. 또 보석이 그 열매가 되어 빛을 머금고 불꽃을 내며 꽃들 사이에 늘어서 있었다. (…) 또한 여래의 위신력으로 그 보리수가 항상 미묘한 음성을 내어 갖가지 법을 설하는데 끝까지 다함이 없었다.

여래께서 머무시는 궁전은 매우 넓고 아름답고 시방

세계에 두루하며 온갖 색의 보석으로 이루어졌다. 갖가지 보배 꽃으로 장엄하고, 모든 장엄구가 광명을 쏟아냄이 구름 같으며, 궁전 사이로 그림자가 모여 깃대가 되었다. (…)

그 사자좌는 높고 넓으며 미묘하게 아름다웠다. (…) 또 모든 부처님의 위신력으로 여래의 광대한 경계를 연설하니, 미묘한 음성이 멀리 퍼져 미치지 않는 곳이 없었다.

그때 세존께서 이 사자좌에 앉으셔서 일체법에 가장 바른 깨달음을 이루셨다. 지혜가 삼세에 들어가서 모두 다 평등하고 그 몸이 일체 세간에 충만하며 그 음성이 시방 국토에 널리 따랐다. 비유하면 허공이 온갖 물상들을 모두 품고 있되 모든 경계에 분별하는 바가 없는 것과 같고 또 허공이 일체에 널리 두루하되 모든 국토에 평등하게 따라 들어가는 것과 같다."

이것이 「세주묘엄품」에 등장하는 『화엄경』의 첫 장면입니다. 석가모니 부처님이 온전한 깨달음을 이룬 그 순간을 묘사하는 것으로 시작하고 있지요. 부처님이 깨달음을 성취했다고 이야기한 후 바로 그 장소가 보배와 보석 등으로 얼마나 아름답게 장엄되었는가를 과할 정도로 자세히 묘사합니다. 그곳의 땅은 다이아몬드로 되어 있고 갖가지 보석으로 장식되어 있으며 부처님이 앉아 계신 보리수와 궁전과 사자좌의 장엄도 마찬가지입니다.

부처님에 대한 찬탄이 아니라 부처님을 둘러싼 주변의 장엄을 서술하는 것으로부터 『화엄경』이 시작된다는 점은 상당히 흥미롭습니다. 이와 더불어 부처님이 앉아 계신 사자좌와 그 사자좌가 위치한 보리수는 보배 등으로 장엄되어 있을 뿐만 아니라, 그 자체가 미묘한 음성을 내어 온 법계에 갖가지 법을 설하는 것으로 묘사된 것도 눈여겨볼 만한 점입니다. 이처럼 부처님 주변의 장엄이 강조되고 설법의 주체로까지 등장한다는 것은 이 주변이 바로 불세계인 점을 나타내기 위함이라고 생각할 수 있습니다. 이 점은 나중에 '융삼세간불'을 다루며 좀 더 자세히 살펴보도록 하겠습니다.

『화엄경』에서 부처님의 깨달음이 어떤 사태인가를 생각해 볼 때, 이 사태는 단지 고정되고 단절된 개인인 고타마 싯다르타가 홀로 석가모니 부처님으로 변화하는 것을 의미하지 않습니다. 만약 그렇다면 고타마 싯다르타가 깨달아 석가모니 부처님이 되었다고 해서 어떻게 그 땅이 다이아몬드가 되며 보리수가 보배로 되고, 궁전과 사자좌는 갑자기 어디서 생겨나며, 또 보리수와 사자좌가 설법을 할 수 있을까요? 이것은 『화엄경』이 생각하는 부처님의 깨달음이 한 개인에게 한정된 사태가 아니라는 것으로 볼 수 있습니다. 『화엄경』의 첫 장면은 고타마 싯다르타의 깨달음이란 사태가 지금, 여기의 '나'를 포함한 전 우주적, 온 법계의 사태라는 관점에서 설해졌습니다.

이러한 관점은 불교에서 '의보(依報)'라고 하는 주변의 장엄에 대한 묘사 후에 이어지는 '정보(正報)'인 부처님에 관한 서술에서도 엿볼 수 있습니다. 부처님은 "그 몸이 일체 세간에 충만하며 그 음성이 시방 국토에 널리 따랐다"라고 하며 이를 허공에 비유합니다. 허공은 온 우주에 두루하지 않은 곳이 없으며 동쪽과 남쪽 등의 분별이 없지요. '동쪽 허공', '남쪽 허공'이라고 부를 수는 있겠지만 우리의 편의를 위해 임시로 칭한 것일 뿐입니다. 그리고 요즘 같은 시대에는 미세 먼지 없는 깨끗한 대기도 있고 미세 먼지로 숨쉬기도 어려운 더러운 대기도 있지만, 그러한 대기가 자리하는 허공 자체에는 깨끗함도, 더러움도 없습니다. 부처님도 이와 같아서 온 법계에 두루하지 않은 곳이 없으며 동시에 '나는 깨달은 부처님이고 이것은 의보인 사자좌이고 이 사람은 깨닫지 못한 중생이다'라는 분별이 없습니다. 사실 이러한 분별이 없기 때문에 온 법계에 두루한 것이겠지요. 제가 법계에 두루하지 못하고 제가 여러분이지 못한 것은 제가 스스로 저를 한정하고 있기 때문은 아닐까요?

이처럼 첫 구절에서부터 『화엄경』은 서로 다르지 않은 사태인 고타마 싯다르타의 깨달음, 석가모니 부처님의 등장, 불세계의 현현으로부터 시작하는 경전이며 곧 여래출현의 경전임을 짐작할 수 있습니다. 이때의 여래출현이란 단지 석가모니 부처님 한 개인의 출현이 아니라 저와 여러분을 포함한 온 법계가 여래로 출현함을 의미한다고 생각할 수 있겠지요. 그리고 이와 같은 관점은 『화엄경』 전편에 걸쳐 지속됩니다.

그런데 이제까지 '여래출현'이라는 용어를 별다른 고민 없이 사용한 느낌입니다. 먼저 이 표현의 유래를 살펴볼까요? '여래출현(如來出現)'이라는 말은『80화엄』의 37번째 품인「여래출현품」에서 비롯되었습니다. 한편『60화엄』에서는「여래출현품」이「보왕여래성기품(寶王如來性起品)」으로 번역되어 있습니다. 여기에서 '보왕'은 여래를 꾸며주는 말이므로 '여래출현'은 '여래성기'와 서로 대응하는 것으로 보입니다. '출현'과 '성기'를 비교하면 '출현'과 '기'는 비슷한 의미로 이해할 수 있고, '성'이 추가된 것을 알 수 있습니다. 그리고『화엄경』「여래출현품」의 별행경으로『여래흥현경(如來興顯經)』이 있습니다. 여기에서 '흥현'이라는 말은 '일어나 나타난다' 정도의 의미이므로 '출현'과 거의 동일한 것으로 보입니다. 또한 티베트어역의 해당 품명은 '여래출현에 대한 가르침의 품' 정도로 해석이 가능하니,『60화엄』을 제외하고는 모든 번역본이 '여래출현'을 품명으로 하고 있음을 알 수 있습니다.

다른 번역본들과는 달리『60화엄』의 품명에만 '성'이 들어 있는 것이 어떤 연유에 의한 것인지 현재로서는 불분명합니다. 한문 번역본인『60화엄』의 산스크리트어 원본에만 '성'에 해당하는 말이 있었는지, 아니면『60화엄』의 번역자가 원본에는 없는데도 의도적으로 '성'을 끼워

넣었는지 모릅니다. 다만 『60화엄』을 바탕으로 독자적인 교학·수행 체계를 성립한 초기 화엄교학은 이 품명 중의 '성기'라는 말에 주목했습니다. 그렇게 전개된 성기 사상은 화엄교학을 대표하는 사상으로 자리매김하기에 이릅니다.

여러분은 이러한 유래를 가진 '여래출현'을 어떤 의미로 받아들이시나요? 불교 경전이나 논서를 읽다 보면 매우 빈번하게 복합어가 나옵니다. 그러나 많은 경우 그러한 복합어의 의미에 대해서 별다른 고민 없이 받아들이게 되지요. 이렇게 통째로 받아들여진 복합어는 충분히 소화되지 못하고 그것이 가진 이익의 대부분이 흡수되지 못한 채 그냥 다시 밖으로 배출되고 맙니다. 소화될 수 있도록 충분히 잘게 잘라서 씹어 먹는 과정이 생략되었기 때문이지요. 아무리 영양가가 높은 경전의 문구라 할지라도, 이처럼 충분히 잘게 씹어서(분석) 소화하고 흡수(사유)하는 과정이 없다면 실제 우리 삶에 별다른 이익을 가져다줄 수 없을 것입니다.

'여래출현'도 마찬가지입니다. 이제까지 우리는 이 말을 그냥 '여래출현', '여래출현'하며 별달리 분석하고 사유하는 과정 없이 통째로 써 왔습니다. 여기까지 이 책을 읽어 온 여러분에게 '여래출현'이 어떤 이익을 주었는지 생각해 본다면 그 결과는 분명할 것입니다. 만약 이 말이 여러분에게 충분히 소화되고 흡수되었다면 여러분에게 여래출현이 일어났겠지요.

　여기에서는 이 책에서, 초기 화엄교학의 입장에서 바라본 『화엄경』의 불타관에서 중요한 의미를 지니는 복합어인 '여래출현'을 한 번 분석하고 사유해 보는 실습을 해 보도록 하죠.

　'여래출현'은 일단 '여래'와 '출현'으로 구성된 복합어입니다. '여래'는 인도 고전어 'tathāgata'의 번역어로, 깨달은 이를 뜻하는 '붓다', 즉 부처님의 여러 호칭 중 하나입니다. '출현'은 말 그대로 '나타난다'는 의미입니다(나아가 '여', '래', '출', '현'의 각 글자 또한 쪼개어 분석하고 사유하면 그것대로 상당히 복잡하면서 흥미롭겠지만 그것은 여러분의 몫으로 남기겠습니다). 정리하면 '여래출현'은 부처님을 가리키는 '여래'와 나타남을 의미하는 '출현'으로 이루어진 복합어입니다.

　문제는 이 둘의 관계를 어떻게 해석하느냐입니다. 우

선 가능한 경우의 수를 저는 세 가지 정도 생각해 보았습니다. 제가 생각한 세 가지가 전부는 아닐 것입니다. 여러분 나름대로 그 밖의 경우를 생각해 보셔도 좋겠습니다.

첫 번째는 '여래가 출현한다'라는 해석입니다. 이 풀이는 혼동의 소지가 있지만 '여래의 출현'으로도 표현할 수 있습니다. 예를 들면 역사상 실존했던 인물인 고타마 싯다르타가 6년간의 수행을 통해서 '나'의 참모습을 깨달아 모든 고통을 완전히 벗어던짐으로써 '여래가 출현'했지요. 그런데 이 경우, 출현의 의미는 여래에게만 한정적으로 적용되기에 일종의 닫힌 구조가 됩니다. 따라서 여래가 아닌 사태와는 관계없는 표현으로 이해될 수 있습니다. 예를 들어 자신이 여래가 아니라 생각하는 모든 이들에게 '여래가 출현한다'라는 구절은 자신과는 별 상관이 없겠지요. '나'가 출현한 것이 아니라 여래가 출현한 것일 뿐입니다.

두 번째는 '여래로부터 출현한다'라는 해석입니다. 이 풀이는 '무엇이'에 해당하는 요소가 빠져 있습니다. 무엇이 여래로부터 출현한다는 것일까요? 여기에는 두 가지 입장이 있을 수 있습니다. 하나는 화신(化身)인 석가모니 부처님이 법신(法身)인 여래로부터 출현한다는 이해로, 불교 내 불타관의 변화 과정에서 중요한 의미를 가집니다. 역사상 실존했던 석가모니 부처님은 화신, 즉 중생 교화를 위해서 이 땅에 변화하여 나타난 부처님이고, 그 석가모니 부처님의 본래는 법신인 진리 또는 실상 그 자체라는 불타관입니다. '여래가 출현한다'라는 해석은 그 출현하는 여래의 근원에 어떤 요소를 상정하지 않는 반면에, '여래로부터 출현한다'라는 풀이는 출현한 여래가 화신이고 그 근원에 생겨나지도, 멸하지도 않는 법신이 있다는 이해 방식입니다.

그러나 한편으로 이 입장은 화신인 부처님만 출현의 대상이 된다는 점에서 첫 번째와 같이 닫힌 구조라고 할 수 있습니다. 지금, 여기의 '나'는 화신이 아니라고 생각하게 되기 때문이지요. 다른 하나는 여래장 사상의 입장입니다. 2장에서 소개해 드린 여래장 사상의 핵심 주장을 기억하시나요? 본질적으로는 일체중생이 모두 불성을 간직하고 있지만, 현실적으로는 번뇌에 뒤덮여 부처님으로서 살아가지 못하고 있다는 것이지요. 이러한 관점에서 '여래출현'은 모든 중생, 나아가 일체 연기법이 다 불성 또는 여래성으로부터 일어났음을 말합니다. 즉 '여래로부터 출현'한 것입니다. 이러한 풀이는 앞과는 달리 열린 구조로서 '여래출현'의 대상이 부처님에게만 한정되는 것이 아니라 '나'를 포함한 일체 연기법이 됩니다. 이 세계의 모든 것은 여래로부터 출현한 연기법입니다. 그것이 실제 부처님이든 지금, 여기서 끊임없이 삶을 반복하고 있는 '나'이든 모두 여래로부터 출현한 것입니다.

세 번째이자 마지막으로 '여래는 출현한 것'이라는 해석이 있습니다. 달리 표현하면 '출현한 것은 여래'라는 입장이지요. '출현한 것'이란 조건 지어져 발생한 연기법으로, 즉 이 세계의 모든 현상입니다. 그것이 바로 여래입니다. 이 경우 출현한 것 그 자체가 여래이므로 출현한 현상의 배후, 근원의 어떤 제일 원리 내지는 본질을 찾아 헤매지 않습니다. 무수한 현상 중의 하나인 지금, 여기의 '나'를 예로 들면 이 '나'가 바로 온전한 여래라는 풀이입니다. 앞서 수차례 반복한 "'나'가 온전한 부처님"이라는 관점에서 '여래출현'을 이해한 것이지요.

이와 같은 '여래출현'에 대한 입장 차이가 『화엄경』을 읽어나갈 때 어떤 영향을 미치는지에 대해서 하나의 예를 들어 보겠습니다.

"불자여, 여래의 지혜는 이르지 못하는 데가 없으니 무슨 까닭인가? 한 중생도 여래의 지혜를 갖추지 않은 이가 없다. 다만 허망한 생각으로 전도되어 집착하여 깨닫지 못할 뿐이다. 허망한 생각을 여의면 모든 것에 대한 지혜가 눈앞에 나타난다.

불자여, 비유하면 다음과 같다. 큰 경전이 있어 분량이 온 우주와 같고 온 우주에 있는 일이 다 적혀 있다. 이 큰 경전의 분량이 비록 온 우주와 같지만 전체가 한 작은 티끌 속에 있으며, 한 작은 티끌 속과 같이 다른 모든 작은 티끌들에도 이 경전이 들어 있다. 이때 어느 지혜로운 사람이 이 경전이 티끌 속에 있어 중생들에게 이익을 주지 못함을 보고는 즉시 작은 티끌을 깨뜨리고 이 큰 경전을 꺼내어 모든 중생으로 하여금 이익을 얻게 하였으며, 한 티끌과 같이 다른 모든 티끌도 다 그렇게 하였다.

불자여, 일체중생에게 큰 이익이 되는 여래의 지혜도 그와 같아서 모든 중생에게 갖추어져 있지만 어리석은 중생이 허망한 생각과 집착 때문에 깨닫지 못하여 이익을 얻지 못한다. 이때 여래께서 장애가 없이 청정한 지혜의 눈으로 법계의 모든 중생을 두루 관찰하고 이렇게 설하셨다. '이상하다. 중생들이 여래의 지혜를 구족하고 있으면서도 어째서 어리석고 미혹하여 알지도 못하고 보지도 못하는가! 내가 마땅히 성인의 도로 가르쳐서 허망한 생각과 집착을 영원히 여의고 자기의 몸에서 여래의 광대한 지혜가 부처님과 다르지 않음을 보게 하리라!' 그리고 저 중생들이 성인의 도를 닦아서 허망한 생각을 여의어 여래의 한량없는 지혜를 얻게 하여 일체중생을 이익되고 안락케 한다."

이 구절은 「여래출현품」 가운데 여래출현의 마음에 대해서 설하는 부분을 제가 번역하며 전달의 편의상 약간 수정한 것입니다. 여기에서 여래출현의 마음은 곧 여래의 지혜를 가리키므로 위 구절의 '지혜'는 '마음'으로 이해할 수 있습니다.

같은 구절을 앞에서 여래장 사상을 간략히 설명할 때

언급했지요. 그곳에서 여래장 사상은 이 구절을 여래장 사상의 경증(經證), 근거로 사용하였습니다. 즉 여래장 사상은 '여래출현'을 모든 중생이 '여래로부터 출현한다'라고 풀이하는 두 번째 입장에서 받아들인 것입니다. 그 입장에서 이 구절을 읽으면 모든 티끌마다 온 우주의 모든 일이 적힌 경전이 들어 있지만 아직 꺼내어지지 않았고, 모든 중생이 여래의 지혜를 갖추고 있지만 아직 깨달아 이익을 얻지 못하고 있습니다. 따라서 여래는 중생이 본래 갖추고 있는 여래의 지혜를 깨달을 수 있게 하고 중생은 자신이 갖추고 있는 여래의 지혜를 꺼내야 하는 상황으로 이해됩니다.

한편 '여래출현'에 대한 세 번째 입장, '출현한 것은 여래'라는 입장에서 이 구절을 읽으면 티끌 속에 있던 큰 경전은 이미 꺼내어졌고, 중생들은 자신이 갖춘 여래의 지혜를 이미 깨달아 마쳤습니다. 이미 모든 연기법, 중생들은 여래 그 자체로서 이미 이익을 다 얻은, 완료형 문장으로 이해하는 것입니다.

이처럼 동일한 『화엄경』의 구절도 '여래출현'을 어떻

게 이해하는지에 따라서, 자신을 어떻게 바라보는지에 따라서 전혀 다른 방식으로 받아들일 수 있습니다. 여러분은 이 세 가지 입장 중에서 어느 쪽에 마음이 끌리시나요? '여래출현'에 대한 풀이는 결국 '나'에 대한 해석과 같습니다. 여러분은 어떤 '나'인가요? 여래출현을 지금, 여기의 '나'와 관계없는 사건으로 볼 것인가, 아니면 '나'를 본질적으로 여래로부터 출현했으나 번뇌에 뒤덮여 현실적으로 여래로 살지 못하는 중생으로 파악할 것인가, 아니면 지금, 여기에 출현한 현상인 '나' 그대로가 온전한 부처님이며 여기에 본질과 현실의 분별은 전혀 '나'의 참모습과 관련 없다고 할 것인가에 대한 차이입니다.

　나아가 『화엄경』 또한 이러한 세 가지 입장에서 읽을 수 있습니다. 시작하며 저는 『화엄경』을 이해하는 여러 방법 가운데 초기 화엄교학의 입장에서 소개할 것이라고 하였는데, 즉 세 번째 방식의 이해와 일맥상통합니다. 물론 이것은 여러분 앞에 놓인 많은 선택지 중의 하나일 뿐, 여러분들이 『화엄경』을 읽을 때 꼭 저와 같은 이해를 따를 필요는 없습니다.

융삼세간불, 융삼세간중생, 융삼세간기세간

지금 이 글을 쓰고 있는 제 방에는 음악이 흐르고 있습니다. 기타, 건반, 드럼, 베이스 기타와 보컬이 함께 연주하는 곡입니다. 문득 이런 생각이 듭니다. 제가 지금 듣고 있는 이 음악은 물론 공기의 파동이 제 귓바퀴에 걸려서 귓구멍 속으로 들어가 고막을 울리는 등의 여러 복잡다단한 단계를 거쳐서 인식되는 것이겠지요. 그렇다면 제가 어느 찰나에 인식하는 이 음악(그 찰나의 파동을 음악이라고 부를 수 있다면)에서 가수의 목소리와 기타와 건반과 드럼과 베이스 각각의 소리를 구분하여 듣는 것인가요? 하나의 파동일 뿐인 것을 제가 개념으로 분별하는 것은 아닐까요? 제가 듣는 것은 가수의 목소리, 드럼의 두둠칫 하나하나가 아니라 공기의 어떤 특정한 파동의 연속입니다. 여러 조건에 의해 형성된 하나의 현상인 연기법이지요.

이것이 『화엄경』이 바라보는 부처님의 모습과 맞닿아 있다고 저는 생각합니다. 우리는 부처님을 떠올리면 깨달은 이를 생각하고, 곧이어 조건 반사적으로(이 말에 조건 반사적으로 파블로프의 개를 떠올리시는 분 계신가요?) 깨닫지 못한 이를 구별해내고, 그 둘이 터를 잡고 있는 시간과 공간

등을 구태여 갈라놓습니다. 그러고서 '나'는 깨닫지 못한 중생이므로 못났고, 빨리 훌륭한 부처님이 되어 고통에서 벗어나야 한다고 합니다. 과연 이것이 '나'의 참모습이고 부처님의 실상일까요?

화엄종에서는 부처님과 보살을 '깨달은 세계'라는 의미의 '지정각세간(智正覺世間)'으로, 깨닫지 못한 중생을 '중생세간(衆生世間)', 지정각세간과 중생세간이 자리한 시간과 공간과 무정물 등을 '기세간(器世間)'으로 구분합니다. 그리고 온 우주, 법계를 구성하는 이 세 가지 세간은 실상 서로 구분할 수 없으며 원융한 하나의 사태일 뿐이라고 주장하지요. 그 근거에는 다음의 『80화엄』 「십지품」과 같은 구절들이 있습니다.

"불자야! 이 보살은 일체 모임의 모습을 분별하지 않고 평등에 머무른다. 이 보살은 중생의 몸, 국토의 몸, 업보의 몸, 성문의 몸, 독각의 몸, 보살의 몸, 여래의 몸, 지혜의 몸, 법의 몸, 허공의 몸을 잘 안다. 이 보살은 모든 중생의 마음이 좋아하는 바를 알아서 중생의 몸으로써 자신을 만들고 또한 국토의 몸, 업보의

몸 내지 허공의 몸을 만든다. 또 중생의 마음이 좋아
하는 바를 알아서 국토의 몸으로써 자신을 만들고 또
중생의 몸, 국토의 몸 내지 허공의 몸을 만든다. (…)
또 중생의 마음이 좋아하는 바를 알아서 자신으로써
중생의 몸, 국토의 몸 내지 허공의 몸을 만든다."

여기에서 '몸(身)'은 사람의 몸과 같이 어떤 것들이 모
인 것, 군집, 덩어리 등을 의미하는 것으로 보입니다. 이
구절에서 보살은 중생, 국토, 업보, 성문, 독각, 보살, 여래,
지혜, 법, 허공에 대해서 여실히 알고서 필요에 따라 중생
으로 자신을, 국토를, 업보를, 내지 여래를, 허공을 삼습니
다. 또 필요하다면 자신으로써 중생을, 국토를, 여래를 삼
습니다. 즉 이 보살과 같이 나 자신과 중생과 국토와 여래
를 여실히 안다면 여기에는 어떠한 구별도 없다는 것이지
요. 따라서 이 사이에 아무런 장애 없이, 걸림 없이 필요에
따라서 자유자재합니다.

'나'의 참모습을 알지 못한다면 나는 과거에 매달리
고 현재에 집착하며 미래를 걱정합니다. 또 나는 여기에
갇혀서 거기에 이르지 못하여 시방세계에 두루하지 못합

니다. 또 나는 '나'에 매달리느라 '너'를 밀어내고 '부처님'을 존경하며 '중생'을 깔봅니다. 그런데 이러한 구분은 무엇을 기준으로, 무엇에 의거한 것인가요? 어떤 것을 다른 어떤 것으로부터 구분하고 구별하기 위해서는 이를 위한 기준이 필요합니다. '나'와 '너', '중생'과 '부처님', 과거와 미래와 현재, 여기와 거기를 구분하는 기준과 근거를 파헤쳐 보면 우리의 끊임없이 윤회하는 삶과 같이 다람쥐 쳇바퀴 돌듯 무수한 개념의 동어 반복, 그리고 동어 반복의 반복이 계속될 뿐 모든 것의 기준, 근거 따위는 찾아볼 수 없다는 것이 이 구절에서 설하는 모든 사태의 참모습입니다. 그것을 『화엄경』에서는 '연기의 참모습', 다른 말로 '공(空)'이라고도 표현합니다.

잠시 실습을 해 볼까요? 여러분이 당장 접하고 있는 어떤 사물, 사태도 좋습니다. 그 하나를 대상으로 선택합시다. 지금 손에 들고 있는 이 책도 좋고, 혹시 음악을 듣고 있다면 그 음악 소리도 좋고, 다른 어떤 것도 상관없습니다. 저는 커피 한 잔을 마시며 이 글을 쓰고 있으니, 향긋하다고 느껴지는 이 커피 향으로 하겠습니다. 제가 지금 맡고 있는 이 커피 향과 그 커피 향을 맡고 있는 저는 무엇을 기준으로 구분 가능한가요? 만약 어떠한 조건에도 영향받지 않는 기준을 끝내 찾지 못한다면 '저'와 '커피 향'의 구분은 조건에 따라 변하겠지요. 그 조건은 단지 또 다른 조건에 따라 끊임없이 변하는 또 다른 연기법일 뿐입니다.

「십지품」에 설해지는 위 구절의 '중생과 국토와 여래와 나 사이에 어떠한 구별도 없음을 여실히 알아서 평등에 머물러 필요에 따라서 걸림 없이 자유자재하다'는 내용을 화엄종에서는 '융삼세간불(融三世間佛)'이라고 합니다. 지정각세간과 중생세간과 기세간이 실제로는 서로 구분될 수 없는 원융한 사태이고, 그것이 바로 『화엄경』이 바라보는 부처님이라는 것이지요. 따라서 이러한 의미에 충실히 따른다면 융삼세간'불'은 융삼세간'중생', 융삼세간'기세간', 또는 융삼세간'나', 융삼세간'커피 향', 융삼세간'이 책'과 조금도 다를 바 없는 표현입니다.

의상 스님은 이러한 뜻을 사람들에게 설명하기 위해서 화엄 사상을 하나의 그림처럼 축약한 시를 썼는데, 이를 '일승법계도(一乘法界圖)'라고 합니다. 이는 전체적인 모양이 네모난 쟁반처럼 생겼기 때문에 '반시(槃詩)'라고도 합니다.

微 塵 中 含 十 初 發 心 時 便 正 覺 生 死
量 無 是 即 方 成 益 寶 雨 議 思 不 意 涅
一 劫 即 劫 念 別 生 佛 普 賢 大 人 出 槃 常
即 九 量 無 一 隔 滿 十 海 能 境 如 繁 事 共
多 世 是 如 亦 中 虛 印 三 昧 然 冥 得 理 和
切 十 五 相 即 雜 空 分 無 然 中 利 益 事 是
一 世 二 無 融 圓 法 衆 生 隨 器 得 還 行 故
即 相 諸 智 所 知 非 餘 際 本 還 者 寶 意 界
一 中 法 證 甚 性 眞 境 妄 隨 家 歸 莊 嚴 實
多 切 不 一 絕 相 無 名 想 必 不 得 以 如 寶
一 中 動 本 來 寂 無 守 自 性 隨 緣 成 捉 殿
中 一 成 緣 隨 性 自 來 舊 不 動 名 爲 佛 坐

외계어 같은 한자가 잔뜩 나왔다고 당황해하실 필요는 없습니다. 저희는 이 시를 그림으로만 볼 것이기 때문입니다. 의상 스님의 설명에 따르면 이 그림은 일승법계를 그린 것이고 일승법계란 의상 스님이 생각하는 이 세계의 참모습입니다. 그리고 이 세계의 참모습은 바로 '나'라고 할 수 있습니다. 그렇기에 이 그림은 바로 '나'의 참모습을 그린 것이기도 합니다. 물론 '나'의 참모습이 곧

'커피 향'의 참모습이고 '이 책'의 참모습이라는 맥락에서의 '나'의 참모습입니다. 그런데 많은 사람이 '나'의 참모습을 제대로 알지 못하기 때문에, 마치 코끼리를 한 번도 본 적 없는 사람들에게 코끼리의 참모습을 알려 주기 위하여 코끼리를 그려서 보여 주듯이 '나'의 참모습을 그림으로 그린 것이 바로 이 「일승법계도」입니다.

이에 관해서는 많은 이야기가 있지만, 여기에서는 융삼세간불과 관련된 내용만 간단히 짚어 보고자 합니다. 먼저 이 그림에서 검은색 글자를 잇는 선(실제 「일승법계도」에서 이 선은 붉은색입니다)은 지정각세간, 즉 깨달은 이인 불보살을, 검은색 글자는 중생세간, 즉 깨닫지 못한 이를, 바탕의 하얀색은 지정각세간과 중생세간이 자리하는 기세간을 상징합니다.

한번 생각해 보죠. 이 그림 중에 어느 한 지점, 예를 들어 맨 가운데에 '법(法)' 자가 있는 곳을 손가락으로 짚었을 때, 그것은 회색 줄과 검은 글자와 하얀 종이 가운데 무엇을 짚은 것인가요? 여러분이 직접 위 그림의 한 곳을 짚어 보고 스스로 묻고 답해 보시죠. 저는 답하기가 쉽지 않네요. 만약에 회색 줄과 검은 글자와 하얀 종이 중에 어떤 것을 짚었다고 구분해서 답할 수 없다는 결론에 이르게 되었다면, 다시 한번 묻겠습니다. 그러면 그것을 짚고 있는 여러분과 짚어진 그것(회색 줄도 검은 글자도 하얀 종이도 아닌 동시에 회색 줄이면서 검은 글자이면서 하얀 종이인)은 구분 가능한가요? 구분할 수 있다면 무엇을 기준으로 가능한가요?

지금도 여전히 제 방에는 음악이 흐르고 있습니다. 이제는 보컬이 없는 연주곡이 흘러나오고 있습니다. 다시 생각해 볼까요? 기타 소리와 드럼 소리와 베이스 기타 소리가 서로 구분되지 않는 공기 파동의 지각(청각)과 지금 제 앞에 있는 모니터의 지각(시각), 이러한 지각의 인식(의식)과 이렇게 생각하는 '나'의 인식(자아의식), 그리고 공기 파동과 모니터와 지각과 '나'는 구분 가능한가요? 이 지점이 아마도 『화엄경』이 바라보는 융삼세간불의 자리라고 생각합니다.

열 부처님과 내 오 척 되는 몸

다양한 부처님이 설해지는 『화엄경』이 가장 좋아하는 숫자는 열(10)이기 때문에 여러 십불(十佛, 열 부처님)이 등장합니다. 사실 앞에서 융삼세간불을 이야기하면서 살펴본 「십지품」의 부처님도 열 부처님으로, 화엄종에서는 '해경십불(解境十佛)'로 불립니다. 해경십불과 함께 『화엄경』의 대표 십불이 '행경십불(行境十佛)'로 알려진 「이세간품(離世間品)」의 십불입니다.

"불자야! 보살마하살에게는 열 가지로 부처님을 바라봄이 있다. 무엇이 열 가지인가? 이른바 ① 무착불(無著佛)이니 세간에 편안히 머물러 올바른 깨달음을 이루기 때문이다. ② 원불(願佛)이니 출생하기 때문이다. ③ 업보불(業報佛)이니 믿기 때문이다. ④ 지불(持佛)이니 따르기 때문이다. ⑤ 열반불(涅槃佛)이니 영원히 건너갔기 때문이다. ⑥ 법계불(法界佛)이니 이르지 않는 곳이 없기 때문이다. ⑦ 심불(心佛)이니 편안히 머무르기 때문이다. ⑧ 삼매불(三昧佛)이니 한량없이 집착 없기 때문이다. ⑨ 성불(性佛)이니 결정되어 있기 때문이다. ⑩ 여의불(如意佛)이니 두루 덮기 때문이다. 불자야! 이것이 보살마하살이 열 가지로 부처님을 바라보는 것이다. 만약 보살마하살이 이 법에 안주하면 곧 위없는 여래를 볼 수 있다."

이 구절은 『화엄경』이 어떻게 부처님을 바라보는지, 즉 『화엄경』의 불타관을 직접적으로 알려 주고 있습니다. 다만 그 내용이 매우 함축적이고 여러 방향으로 이해될 수 있는 여지가 많습니다. 다행스럽게도 이 십불에 대해서 의상 스님이 제자들에게 설명한 내용이 현재까지 남아 있습니다. 저는 개인적으로 십불에 대한 여러 설명 가운데 의상 스님의 이 설명이 가장 화엄종다운, 『화엄경』 불타관의 결정판이라고 생각합니다. 그래서 조금 길긴 하지만 그 전체를 인용하겠습니다.

의상 화상이 태백산 대로방에 머무를 때 진정 스님과 지통 스님 등을 위하여 설하였다. "수행인이 열 부처님을 보고자 한다면 마땅히 먼저 안목을 지어야 한다."

지통 스님 등이 여쭈었다. "무엇이 안목입니까?" 의상 화상이 말씀하였다. "『화엄경』으로 자신의 안목을 삼는다. 이른바 문장과 문장, 구절과 구절이 모두 열 부처님이니 이 이외에 부처님 보기를 구한다면 세세생생 끝내 보지 못할 것이다."

의상 화상이 말씀하였다. "이른바 '무착불이니 세간에 편안히 머물러 올바른 깨달음을 이루기 때문이다'란 (다음과 같다.) 오늘 내 오 척(五尺) 되는 몸을 세간이라고 이름하며, 이 몸이 허공법계에 두루 가득 차서 이르지 않는 곳이 없기 때문에 '바른 깨달음'이라고 한다. 세간에 편안히 머무르기 때문에 열반에 대한 집착을 여의고, 바른 깨달음을 이루기 때문에 생사에 대한 집착을 여읜다. 만약 실제를 기준으로 하여 말하면 세 가지 세간이 원만히 밝고 자재하기 때문에 '무착불'이라고 한다.

'원불이니 출생하기 때문이다'란 (다음과 같다.) 백사십원(百四十願)·십회향원(十廻向願)·초지원(初地願) 및 성기원(性起願) 등이 모두 원불이다. 이 부처님은 머무름이 없음으로써 몸을 삼기 때문에 한 물건도 부처님의 몸 아님이 없다. 이른바 한 법을 듦에 따라서 일체를 다 거두어 법계에 들어맞아 두루함을 원불이라고 이름한다.

'업보불이니 믿기 때문이다'란 (다음과 같다.) 22위의 법이 본래 움직이지 아니하며 두렷이 밝게 비추니, 만약 모든 수행인이 능히 이와 같이 믿으면 곧 '믿음'이라고 한다. 만약 실제 도리를 들어서 설하면 위로 묘각으로부터 아래로 지옥에 이르기까지 모두 부처님의 현상이다. 그러므로 만약 사람이 이 일을 공경히 믿으면 '업보불'이라고 말할 수 있다.

'지불이니 따르기 때문이다'란 (다음과 같다.) 법계의 삼라 모든 법을 비록 다함없다고 하여도 만약 해인삼매로써 도장 찍어 정하면 오직 하나의 해인삼매의 법일 뿐이니, 저가 나를 지니고 내가 저를 지니기 때문에 '따른다'고 한다. 그러므로 세계로써 부처님을 지니고 부처님으로써 세계를 지니니, 이 이름이 '지불'이다.

'열반불이니 영원히 건너갔기 때문이다'란 생사와 열반이 본래 평등함을 깨달아 보기 때문에 '영원히 건너감'이라고 한다. 이른바 생사가 시끄럽게 요동함이 아니고 열반이 평온하게 고요함이 아닌 것이 이 뜻이다.

'법계불이니 이르지 않는 곳이 없기 때문이다'란, 하나의 티끌법계, 소나무법계, 밤나무법계 내지 시방삼세의 허공법계가 모두 부처님의 몸이다. 이른바 진여는 지나간 때에도 없어지지 않으며, 뒤의 때에도 생겨나지 않으며, 현재에도 움직이지 않는다. 여래도 또한 이러하여 과거에도 없어짐이 없으며, 미래에도 생겨남이 없으며, 현재에도 움직임이 없다. 형태도 없고, 모습도 없어서 허공계와 같다. 헤아릴 수 없기 때문에 백천만 겁 동안 이미 설했고, 지금 설하며, 앞으로 설하여도 끝내 다할 수 없으며, 가장자리가 없기 때문에 '법계불'이라고 한다.

'심불이니 편안히 머무르기 때문이다'란, 마음을 쉬면 곧 부처님이고 마음을 일으키면 부처님이 아니다. 마치 사람이 물로 그릇을 깨끗하게 하나 더러워진 물을 깨끗하게 할 줄은 모르는 것과 같다. 물이 깨끗하면 그림자도 밝고 물이 탁하면 그림자도 어두우니 마음법 또한 그러하여 마음을 쉬면 법계가 두렷이 밝고 마음을 일으키면 법계가 차별이다. 그러므로 마음이 편안하게 머무르면 법계의 모든 법이 내 오 척 되는 몸에 나타나는 것이다.

'삼매불이니 한량없이 집착 없기 때문이다'란, 해인 삼매의 법은 어떠한 대상에도 머물러 집착함이 없기 때문에 한량없이 집착 없는 삼매불이라고 하는 것이다.

'성불이니 결정되어 있기 때문이다'란, 법성에 두 가지가 있다. 이른바 큰 법성과 작은 법성이다. 무엇인가? 만약 한 법이 일어나 삼세의 끝까지 다하면 안도 없고 밖도 없으므로 '큰 법성'이라고 한다. 한 법의 지위가 일체 가운데 두루하여야 비로소 이루어지는 것은 '작은 법성'이라고 이름한다. 이른바 하나의 기둥이 법계의 끝을 다하도록 다만 기둥인 것은 '큰 법성'이라고 이름하고, 이 하나의 기둥 가운데 서까래와 대들보와 기둥 등의 모든 지위가 나타나는 것은 '작은 법성'이라고 이름한다.

'여의불이니 두루 덮기 때문이다'란 (다음과 같다.) 마치 큰 용왕이 큰 보배를 가지고 있으니 만약 이 보배가 없으면 일체중생이 입고 먹을 것이 없으므로 다섯 곡식과 아홉 곡식과 천 가지 만 가지 모두 이루어지는

114

것은 오직 이 보배의 덕인 것처럼, 여의불의 은혜 또한 이와 같다.

- 찬자 미상, 『법계도기총수록(法界圖記叢髓錄)』

어떤가요? 여러분이 평소에 생각해 오던 부처님과 의상 스님이 이해한 『화엄경』의 부처님이 많이 비슷한가요? 제게 이 글에서 가장 인상 깊었던 부분은 '『화엄경』의 문장과 구절이 그대로 『화엄경』의 부처님'이라고 말하는 대목입니다. 『화엄경』의 문장과 구절이 『화엄경』의 부처님을 설명하고 있다는 것이 아니라 문장과 구절 그 자체가 바로 부처님이라는 의미입니다. 앞의 용어를 빌리면 기세간이 지정각세간인 것이죠. 이어서 열 부처님에 대한 의상 스님의 매우 흥미로운 풀이가 계속됩니다. 여기에서 하나하나 저의 이해와 감상을 풀어놓는 것은 오히려 여러분의 감상을 방해할 뿐, 지붕 위에 또 지붕(屋上屋)을 덮는 것이겠지만 그래도 지붕 몇 개만 덮어 보겠습니다.

의상 스님은 앞서 『화엄경』의 문장과 구절이 곧 열 부처님이라고 하였는데 그중 첫 번째, 무착불에서는 '내 오 척 되는 몸', 즉 내 몸이 온 세계에 두루하여 바른 깨달음을 이룬 부처님이라고 합니다. 이에 따르면 내 몸이 바로 부처님이고 『화엄경』의 문장과 구절입니다. 이를 두 번째, 원불에서는 '법계의 한 물건도 부처님 아님이 없다'는 말로서 다시 설명합니다.

내 몸이 법계 그 자체이고 부처님이라는 이해는 심불에서도 다시 반복됩니다. 심불에서는 '법계의 모든 법이 내 오 척 되는 몸에 나타난다'고 하여 무착불의 설명과 같은 맥락으로 내 몸과 법계와 부처님의 관계를 나타내고 있습니다. 그러면서 의상 스님은 법계에 대해서 '티끌법계, 소나무법계, 밤나무법계 내지 허공법계가 모두 부처님'이라고 설명합니다.

『화엄경』의 열 부처님에 대한 의상 스님의 설명을 살펴보면 스님은 내 몸이 온 법계이고 부처님임에 틀림없다고 확신한 것으로 보입니다. 사실 이것은 맨 앞에서 "'나'가 온전한 부처님이다"라고 한 것과 같은 맥락입니다. 그래서 제가 앞서서도 이후의 내용은 변주에 의한 반복이라고 했던 것이지요. 그런데 의상 스님은 '나'를 포함한 이 세상의 참모습을 어떻게 보았기에 "'나'가 온전한 부처님"

이라고 하는 것일까요? 또는 "'나'가 온전한 부처님"임을
확신한다면 이 세상이 어떻게 보일까요?

세계의 참모습, 법계연기

●

『화엄경』이 나타내는 '나'를 포함한 이 세상의 참모습은 결국 "'나'는 온전한 부처님이다"로 귀결된다는 것이 초기 화엄교학의 이해라고 저는 생각합니다. 물론 이 '나'와 부처님이 무엇인지에 대해서는 앞에서 다룬 것처럼 섬세한 접근이 필요하지만요.

　이러한 입장에서 바라본 세상은 어떤 모습일까요? 초기 화엄교학은 이를 '법계연기(法界緣起)'라고 교리화하고 중심에 두어 매우 복잡다단한 교설을 발전시켜 나갔습니다. 그래서 화엄종 하면 자연스레 법계연기를 떠올릴 정도입니다. 그러나 아무리 법계연기가 복잡하다고 하더라도 결국엔 '나'를 포함한 이 세상의 참모습에 대한 설명일 뿐입니다. 그리고 그 결론은 "'나'를 포함한 이 세계는 모두 온전한 부처님이다"이지요.

　화엄종의 법계연기는 그 안에 많은 교리를 갖추고 있지만 사실 그 많은 교리도 같은 이치의 다른 표현, 즉 앞서 말한 동일 주제의 변주에 의한 반복이라고 할 수 있습니다. 따라서 이 책에서는 많은 교리 가운데 하나의 변주인 상즉상입(相卽相入)에 대해서만 간단히 살펴보고자 합니다.

택배 기사님과 고사리

『화엄경』을 읽다 보면 상식적으로는 이해할 수 없는, 받아들일 수 없는 구절들이 계속해서 등장합니다. 이제까지 소개한 『화엄경』의 경문들이 대부분 다 그렇지만 조금만 더 소개하면 다음과 같습니다.

> "만약 하나가 곧 많음이고 많음이 곧 하나이면
> 의미가 고요히 사라져 모두 평등하여
> 동일하다, 다르다라는 잘못된 생각을 멀리 여의니
> 이를 보살의 '물러남 없음의 머무름'이라고 한다."
> – 『60화엄』 「보살십주품(菩薩十住品)」

> "하나 가운데 한량없음을 알고
> 한량없음 가운데 하나를 아니

변화하면서 생겨나나 실제가 아니니

지혜로운 자는 두려울 바 없다."

ㅡ『60화엄』「여래광명각품(如來光明覺品)」

첫 번째 구절은 하나와 많음의 구별, 그리고 이것을 바탕으로 하는 '같다', '다르다'라는 구분은 실제가 아닌 잘못된 생각이며 이 세계의 참모습은 "하나가 곧 많음"이고 "많음이 곧 하나"라고 이야기합니다. 이것을 '서로 즉한다'는 뜻의 '상즉(相卽)'이라고 합니다. 두 번째 구절은 하나 가운데 한량없이 많은 것이 들어 있고 한량없이 많은 것에 하나가 들어 있는 것이 지혜로운 자가 파악하는 이 세상의 참모습이라는 이야기입니다. 이를 '서로 들어간다'는 뜻의 '상입(相入)'이라고 합니다. 이 둘을 합하여 '상즉상입'이라고 하며 『화엄경』에는 비슷한 맥락의 구절이 무수히 등장하지요. 화엄종에서는 이것을 『화엄경』이 바라보는 이 세계의 참모습으로 파악합니다.

여러분은 이 구절들을 납득할 수 있나요? 하나가 곧 열이고 열이 곧 하나이며 하나 가운데 열이 있고 열 가운데 하나가 있다고 『화엄경』은 설합니다. 열 가운데 하나가 있다는 것은 얼핏 그럴 수도 있다고 생각이 들지만, 나머지는 '상식적'으로 말이 되지 않아 보입니다. 몰상식하지 않고 상식적인 우리가 선택할 수 있는 길은 두 가지 정도가 있는 것 같습니다. "뭔 말도 안 되는 소리를 하고 있어!"라면서 이 책을 덮고『화엄경』에 대한 관심을 접은 채 상식적인 삶을 계속 반복하는 길. 아니면 그러기에는 왠지 모르게 찜찜해서『화엄경』의 말을 밀쳐내는 원동력인 그 '상식'을 밑바닥부터 의심하는 길. 물론 그 선택은 여러분에게 달려 있고 동시에 그 결과 또한 여러분에게 돌아가겠지요. 다만『화엄경』은 여러분이 의거하고 있는 그 '상식'이 얼마나 굳건한 기초 위에 세워져 있는지에 대해서 매우 회의적인 시각을 가진 것으로 보입니다.

혹시 이러한 상즉상입이 이 세상의 모든 사태, 현상의 참모습이 아니라 어느 특정한 사태, 현상에게만 한정되어 적용되는 것은 아닐까요? 예를 들어 천국이라든가 아니면 정토라든가. 그렇다면 뭔가 타협의 여지가 있을 것 같습니다만. 결론부터 말씀드리면『화엄경』과 이를 해석한 초기 화엄교학의 입장은 "아니올시다" 입니다. 상즉상입은 이 세상 모든 사태와 현상, 즉 일체 연기법의 특징이라는 것이지요.

'상즉상입이 상식적으로 말이 되는가'라는 논란은 일단 판단을 중지하고 상즉상입을 받아들여 이것이 연기법의 참모습이라고 작업가설적으로 인정한다면 어떤 세상이 펼쳐지는지 한 번 생각해 볼까요? 앞 구절에서는 하나와 많음을 기준으로 상즉을, 큼과 작음의 관계에서 상입을 다루었습니다. 여기에 '나'를 한 번 대입해 보겠습니다. 하나가 '나'라면 많음은 이 세계 전부, 작게는 이 책을 읽고 계신 여러분 전부가 될 수 있습니다. 작음과 큼도 마찬가지입니다.

상즉상입의 관점에서 '나'와 이 세계, 여러분의 참모습을 관찰한다면 '나'는 곧 여러분이고 여러분은 곧 '나'입니다. '나'에게 여러분이 존재하고 여러분에게 '나'가 깃들어 있지요. 따라서 '나'라고 하는 그 순간에, 그곳에, 그 생각에 여러분이 존재하며 그 순간이, 그곳이, 그 생각이 바로 여러분입니다. 나아가 이 세상 전부입니다. 이런 까닭에 상즉상입이라면 '나'는 결코 여러분과 다른 '나'일 수 없으며 이 세상의 총합이 바로 '나'입니다.

이처럼 하나의 '나'를 들 때 여러분, 이 세상 전부가 함께 따라오는 것이 이 세계의 참모습입니다. 어떠한 '나'도 결코 홀로 '나'일 수 없으며 그것이 『화엄경』이 바라보는 연기법이지요. 노파심에서 사족을 덧붙이자면 당연히 이 '나'는 어느 특정한 개인, 예를 들어 유일신, 왕, 제일 원인 등이 아니라 어떤 사태라도 모두 '나'가 될 수 있습니다.

방문객

사람이 온다는 건
실은 어마어마한 일이다.
그는
그의 과거와
현재와
그리고
그의 미래와 함께 오기 때문이다.
한 사람의 일생이 오기 때문이다.
부서지기 쉬운
그래서 부서지기도 했을
마음이 오는 것이다—그 갈피를

아마 바람은 더듬어 볼 수 있을

마음,

내 마음이 그런 바람을 흉내낸다면

필경 환대가 될 것이다.

― 정현종, 『광휘의 속삭임』(문학과지성사, 2008)

그렇습니다. 만약 오늘 제가 주문한 연필을 가지고 택배 기사님이 방문할 예정이라면 그것은 연필만 오는 것이 아니라 기사님과 그분의 일생 전부가 오는 것이고, 기사님과 함께 그 가족분들과, 연필을 만드신 분들과, 연필의 재료가 된 나무와, 그 나무가 살았던 당시의 대지와, 연필심이 된 3억 년 전 고생대의 고사리와, 그때의 대기와 나아가 우주 전체가 오는 "어마어마한 일"입니다. 그런데 『화엄경』은 '나'에게 이미 연필과 택배 기사님이 도착해 있고 우주 전체가 들어와 있다고 이야기합니다. 만약 이렇게 택배 기사님을 맞이한다면 그것은 '나'에 대한 정말 대단한 "환대가 될 것"입니다.

그러나 쉽게 '나'를 이처럼 환대하기가 어려운 것 또한 사실입니다. 왜일까요? 역으로 한 번 생각해 보겠습니다. 왜 우리는 '나'에게 택배 기사님이 이미 도착해 있고 우주 전체가 들어와 있다는 것이 사실이 아니며 상식에 위배된다고 생각을 할까요? 그 이유, 그 이유의 이유, 그 근거, 그 근거의 근거는 무엇인지 계속 파고들어 가 보면 마지막에는 무엇이 기다리고 있을까요? 우리는 너무 상식에 안주하고 있는 것은 아닐까요?

그 바닥을 확인하기 위한 관찰은 어디에서도 시작할 수 있습니다. 비유하자면 어디에서 땅을 파기 시작해도 끝에는 지구의 핵에 도달하는 것처럼(물론 아주 오래 파야겠지만), 우리는 어떤 사태로부터든지 우리 상식의 근거가 무엇인지에 대한 논의를 시작할 수 있습니다. 여기에서는 그중에서도 우리 삶의 터전이라고도 할 수 있는 공간과 시간의 상즉상입을 생각해 보겠습니다.

티끌 속의 국토, 한 찰나 속의 억겁

"하나의 미세한 티끌 속에 많은 국토가 있어
자리가 각각 달라 모두 깨끗이 장엄되어 있고
이처럼 한량없음이 하나 속에 들어가면서도

하나하나가 구분되어 섞이거나 넘어가지 않는다.

하나하나의 티끌 안에 생각하기 어려운 부처님이 계셔

중생의 마음 따라 널리 앞에 나타나시어

일체 국토에 두루하지 않음이 없으니

이와 같은 방편에 차별이 없다.

 (…)

하나하나의 티끌 안에 미세한 티끌 수의 중생이 있어

모두 함께 부처님을 에워싸고 있으니

일체를 뛰어넘어 세간에 두루하면서

또한 비좁거나 서로 섞여 어지럽지 않다."

－『80화엄』「보현삼매품(普賢三昧品)」

"보살은 집착 없고 얽매임 없는 해탈한 마음으로 보현행을 닦아서 모든 겁(劫)의 매우 미묘함에 대한 지혜를 낸다. 이른바 설할 수 없이 많은 겁이 한 찰나가 되는 매우 미묘함에 대한 지혜, 한 찰나가 설할 수 없이 많은 겁이 되는 매우 미묘함에 대한 지혜, 아승지겁이 한 겁에 들어가는 매우 미묘함에 대한 지혜, 한 겁이 아승지겁에 들어가는 매우 미묘함에 대한 지혜,

(…) 한 찰나 중에 과거와 미래와 현재의 일체 겁을 보는 매우 미묘함에 대한 지혜, 하나하나 이와 같은 등의 일체 모든 겁에 대한 매우 미묘함을 여래의 지혜로써 한 찰나 중에 모두 여실하게 안다."

- 『80화엄』「십회향품(十迴向品)」

첫 구절은 공간을 대상으로 상입을 다루고 다음 구절은 시간에 대해서 상즉상입을 이야기합니다. 물론 공간에 대해서도 상즉을 다루는 구절이 『화엄경』에서 다수 등장하니 '혹시 공간은 상입만 가능한가?' 하고 오해는 마시기 바랍니다.

공간에 대한 첫 구절은 하나의 미세한 티끌 속에 기세간인 국토가 들어가 있고 지정각세간인 부처님이 무수히 계시며 중생세간인 중생이 먼지 개수만큼 존재한다고 합니다. 이것은 앞서 소개한 상즉상입을 공간에 적용한 것입니다. 실제로 보면 하나의 티끌 속에 삼종세간으로 대표되는 온 세상이 들어 있다는 것이 『화엄경』의 입장입니다.

두 번째 구절은 시간을 상즉상입의 입장에서 관찰한

지혜를 설한 것입니다. 여기서는 매우 긴 시간(설할 수 없이 많은 겁)이 한 찰나이고 한 찰나가 매우 긴 시간이라는 시간의 장단에 대한 상즉과, 과거와 미래와 현재가 모두 한 찰나라는 시간의 선후에 관한 상즉을 설합니다. 그리고 매우 긴 시간(아승지겁)이 비교적 짧은 시간(한 겁)에 들어가고 비교적 짧은 시간이 매우 긴 시간에 들어간다는 상입을 이야기합니다.

　　이러한 『화엄경』의 공간과 시간의 참모습에 관한 입장을 받아들인다면, 오늘 도착한 이 연필 안에는 한반도, 지구, 나아가 온 우주가 담겨 있습니다. 또 한량없는 부처님이 들어가 계시며, 이 연필을 들고 있는 저를 포함한 무수한 중생이 연필 속에 담겨 있습니다. 그리고 그러한 연필을 들고 있는 지금은 바로 연필심이 된 고생대의 고사리가 막 싹을 틔운 때이고, 이 연필로 쓴 이 글을 여러분이 읽고 있는 이때이지요. 따라서 이 글을 읽고 있는 이때가 없으면 이 글을 쓰는 지금도 없으며 고사리가 싹을 틔우는 때도 있을 수 없습니다. 똑같은 이치로, 지금 제가 들고 있는 이 연필이 바로 여러분이 이 글을 읽고 있는 이때이고 이때인 이 연필이 어제 원고 마감에 쫓겨 괴로워하던

저이자 "이게 무슨 황당한 소리야?"라며 어이없어하고 있는 여러분입니다.

왜 이게 말도 안 된다고 생각하게 될까요? 그 이유는 무엇일까요? 우리가 시간과 공간을 일종의 고정된 기준 틀로서 상정해 놓고 그 시공간의 틀에 모든 사태와 현상을 배치하는데 너무 익숙해진 것은 아닐까요? 이러한 과정과 작업이 거의 자동적으로, 동시적으로 진행되기에 우리의 인식에서 기준틀로 작용하는 시공간에 배열되지 않은 현상을 인식하는 것이 매우 불편하고 불합리하게 느껴지는 것은 아닐까요?

여기서 잠깐 생각해 봅시다. 도대체 시공간이라는 것은 어떤 존재 내지는 사태일까요, 아니면 존재도 아니고 사태도 아닌가요? 『화엄경』에서 시간과 공간은 당연히 연기법입니다. 시간과 공간이 연기법이라는 것은 여러 조건에 의해서 조건 지어져 벌어진 사태, 현상이라는 것이지요. 『화엄경』의 입장에서 시공간은 우주의 모든 사태가 펼쳐지고 생멸하는 고정된 기준틀이 아닙니다. 연기법에서 조건 지어져 발생한다는 것이 시공간에 발생하는 것은 아닙니다. 시공간도 조건 지어져 발생하는 연기법입니다. 시간과 공간은 (고생대 고사리와 대략 몇십 년 전에 심어진 나무와 노동자와 기계 등의 조건에 의해서 만들어진) 이 연필과 존재론적으로, 인식론적으로 어떠한 차이도 없는 연기법일 뿐입니다.

지금 제 시간은 2023년 5월 6일 밤 10시 21분입니다. 지금 이 책을 읽고 있는 여러분의 시간은 언제인가요? 2024년 2월 6일 오후 2시 32분이라고 해 보죠. 만약 시간이 연기법이 아니라 고정된 특성을 지닌 자성법이라면 고정된 특성에 따라서 자동적으로 제 시간이 여러분의 시간보다 먼저일 터입니다. 그런데 이 시간이 자성법이 아니라 무수한 조건에 따라서 변화하는 연기법이라면 그게 그렇지만은 않게 됩니다. 밤 10시 21분도 하나의 연기법이고 오후 2시 32분도 하나의 연기법입니다. 이 두 연기법은 자성에 따라서 저절로 선후가 정해질 수 없습니다. 그러기 위해서는 또 다른 조건인 '먼저'의 연기법이 필요합니다. 또한 '먼저'가 의미를 가지기 위해서는 '나중'이라는 연기법이 등장하게 되며 '먼저'와 '나중'은 '동시'를, '동시'는 결국 온 우주를 필요로 하게 됩니다. 따라서 밤 10시 21

분이 오후 2시 32분보다 먼저이기 위해서는 온 우주가 관여하며 반대로 밤 10시 21분이 오후 2시 32분과 같거나 나중이기 위해서도 온 우주가 펼쳐집니다.

아무리 앞서서 동일 주제의 변주에 의한 반복이라고 핑계를 댔다고는 하지만 저도 이 정도면 반복이 심하다고 느껴지네요. 이 반복을 확증으로 바꿀 수 있는 유일한 방법은 결국 관찰뿐입니다. 어떤 선입견도 배제한 관찰만이 밤 10시 21분과 오후 2시 32분의 실제 관계를 보여줄 수 있으며 그것이 '나'의, 부처님의, 온 세상의 참모습일 것입니다.

믿음과 초발심

"'나'가 온전한 부처님이다"가 '나'와 부처님과 온 세상의
참모습이라면 지금, 여기의 '나'는 무엇을 해야 할까요?
『화엄경』에 의한다면, 더 정확히는 『화엄경』을 풀이한 초
기 화엄교학의 입장에 따른다면 "'나'가 온전한 부처님"임
을 원만히 믿고 깨달음의 마음을 처음으로 일으키는 것이
지금, 여기의 '나'가 해야 할 바입니다. 이에 대해 자세히
설해지는 곳이 십주(十住) 법문입니다. 앞서 소개한 『화엄
경』의 구성을 떠올려 보면 십주 법문은 제3회에 등장하는
가르침으로서 천상에서 설해지는 이른바 '일승보살도 법
문'의 처음에 해당합니다. 참고로 일승보살도 법문은 제
3회의 십주, 제4회의 십행(十行), 제5회의 십회향(十廻向),
제6회의 십지(十地) 법문으로 구성되어 있습니다.

십주 법문은 보살의 열 가지 지위를 설합니다. 그 첫
지위, 즉 제1주(住)가 바로 깨달음의 마음을 처음으로 일
으키는 초발무상정등정각심(初發無上正等正覺心) 또는 간

략히 초발심하는 지위인 초발심주입니다. 제1주로부터 십행, 십회향, 십지의 마지막 법운지에 이르기까지 40개의 지위로 일승보살도가 이루어지는 것이지요. 그리고 이러한 일승보살도의 처음인 초발심주는 "'나'가 온전한 부처님"임을 믿는 것으로부터 비롯됩니다.

이 '믿는다'는 것은 무엇인가요? 발심하기 위해서는 믿어야 합니다. 그럼 '나'가 부처님이라는 믿음을 성취하지 못한다면 '나'는 발심도 못하고 세세생생 범부중생의 삶을 계속 반복해야 하나요? 그런데 믿음은 어떻게 성취하는 것인가요? 아니, 그보다 믿음에 성취가 있는 것인가요?

어떤 기준을 세우고 여기에 맞추어 믿음이 100%면 성취이고, 100%가 꽉 차지 않아서 불신이라면 이때의 믿음은 고정된 믿음으로 보입니다. 정해진 기준에 맞추어서 '이것은 믿음, 저것은 불신'으로 판단하는 분별의 믿음이지요. 그런데 믿음의 내용인 "'나'는 온전한 부처님"이라는 것은 앞에서 살펴보았듯이 '나'가 융삼세간불임을 믿는 것입니다. 즉 '나'와 부처님과 시공간 등이 분별할 수 없는 하나의 사태라는 것을 믿는 것인데 그 믿음을 또다시 믿음과 불신으로 분별하는 것은 아이러니가 아닐 수 없습니다. 마치 자유를 강요하는 것처럼 말이죠.

이 믿음은 고정된 잣대를 기준으로 성취를 분별하지 않습니다. 그럼 이 믿음은 무엇일까요? 결국 '내가 믿음을 성취했나, 성취하지 못했나?'라는 두 가지 분별, 이해를 내지 않는 '나'가 부처님을 믿으려는 의지, 또는 서원이라고 저는 생각합니다. 믿으려는 의지, 서원을 일으키는 것이 바로 초발심입니다. 성취도 모르고 성취하지 못함도 모르는, 오직 믿으려는 의지, 서원이 초발심주의 믿음이자 발심입니다.

"만약 어떤 보살들이 이와 같은 관찰 및 행동과 상응하고 모든 법에 대해서 두 가지 이해를 내지 않으면 일체 부처님의 법이 곧바로 앞에 나타나며 처음 발심할 때 곧 무상정등정각을 얻는다."

위 구절은 십주 법문 중 한 품인 「범행품(梵行品)」의 마지막 부분입니다. 이 구절을 보면 초발심을 설명하면서 '모든 법에 대해 두 가지 이해를 내지 않음'을 설합니다. 초발심은 두 가지 이해를 내지 않는 것에서 시작한다는 뜻이지요. 두 가지 이해란 말 그대로 어떤 사태를 둘로 나누어 분별하는 것입니다. 가장 근본적인 분별인 '나'와 '나' 아닌 이(타자), 이로부터 비롯되는 무수한 분별이 바로 두 가지 이해입니다. 믿음과 불신, 성취와 불성취도 초발심에서 지워야 할 두 가지 이해입니다. 사실 '두 가지 이해'라는 것 또한 두 가지 이해이겠지요.

이 경문에서도 보이듯이 초발심하는 믿음은 믿음의 성취도 모르고 성취하지 못함도 모르는, 두 가지 분별을 떠나 믿으려는 의지이고 서원입니다. 따라서 믿음을 100% 성취하고 난 뒤에야 초발심하는 것이 아닙니다. 지금, 여기에서 '나'가 온전한 부처님임을 믿으려는 의지, 서원을 일으키는 것이 곧바로 초발심하는 일승보살의 길입니다. 말하자면 이것은 되고 안 되고의 문제가 아니라 하고 안 하고의 의지 문제라는 것이죠.

성불의 불교

믿으려는 의지, 서원을 일으켜 초발심하여 일승보살의 길에 들어섰다고 하면 곧바로 또 다른 오해의 길로 빠져들기 십상입니다. "제가 비록 믿으려는 서원을 일으켜 초발심해서 보살의 길에 들어섰지만 아직은 믿음이 부족하니 앞으로 수행을 열심히 해서 언젠가는 부처님이 되어지이다." 이런 입장을 따르는 이들은 초발심주부터 40개의 보살 지위를 마치 게임에서 한 단계, 한 단계 '레벨 업' 하는 것처럼 수직으로 배열합니다. 그래서 초발심주에서 열심히 갈고 닦아서 제2주로 올라가고, 또 갈고 닦아서 제3주로 올라가고, 이것을 계속 반복하다 보면 십지의 마지막 지위인 법운지에 이르러 궁극에는 부처님이 된다고 여깁니다.

이러한 생각을 정면으로 부정하는 구절이 앞에서 인용한 「범행품」의 "처음 발심할 때 곧 무상정등정각을 얻는다(初發心時便成正覺)"입니다. 『화엄경』은 화엄종뿐만 아니라 대승불교 전반에서 매우 중요시한 경전인 만큼, 그 안에 등장하는 이 구절의 해석을 둘러싸고 예로부터 많은 이해와 주장과 논란이 거듭되어 왔습니다.

이에 대해서 살펴보기 위해서는 대승불교 일반의 구조에 대해서 생각해 볼 필요가 있습니다. 우리는 대승불교 신행 현장에서 예불 등이 끝나고 난 후 "성불하세요!",

"성불합시다!"라고 하며 습관적으로 상대방에게 성불을 권장하고 또 스스로 다짐하는 광경을 쉽게 볼 수 있습니다. 그리고 불자들은 실제로 성불하기 위해서 마음을 일으켜, 발심하여 수행을 통해 부처님이 되고자 하지요. 대승불교에는 여러 종류가 있지만 '성불'을 권하고 다짐한다는 것은 다음과 같은 구도가 전제되어 있는 것으로 보입니다.

성불 불교의 구도

한 예로 중생과 부처님의 본래적 동일성을 기치로 내건 여래장 사상 또한 이러한 구도를 따르는 것으로 볼 수 있습니다. 이 구도에서 바라본 여래장 사상의 특징을 나(중생-부처님)와 수행(발심-성불)의 측면에서 언급하면 다음과 같습니다.

① **나**(중생과 부처님): 중생과 부처님이 설혹 본질에서

는 동일하더라도 현상적으로는 두 개의 다른 계기적 (繼起的) 사태이며 그 사이에 성불을 향해 수행하는 보살이 자리하고 있습니다. 중생은 발심으로부터 본격적으로 비롯되는 수행을 통해 보살로서 지혜를 증득하거나 번뇌를 여읨으로써 궁극에는 '나' 자신이 부처님임을 자각합니다.

② **수행**(발심과 성불): 중생이 부처님이 되고자 하는 마음, 깨닫고자 하는 마음, 즉 보리심을 일으킴으로써 본격적인 수행이 시작됩니다. 여기에서 수행은 본래적으로 부처님과 동일하지만 현상적으로 부처님과 같이 살지 못하는 중생을 부처님이 되도록 하는 방편입니다. 따라서 이 구도에서의 수행은 성불을 위한 수행에 초점이 맞추어져 있습니다.

정리하면 여래장 사상 등의 성불 불교에서는 중생이 처음으로 깨닫고자 하는 마음을 일으켜서 깨달음을 향해 수행하는 보살이 됩니다. 그리고 오랜 시간(예를 들어 삼아승지겁의 세월) 동안 수행하여(여래장 사상이라면 '나' 자신이 부처님이라는 믿음을 점차 확고히 하여) 궁극에는 모든 번뇌를 여의고 원만한 지혜를 구족하여 부처님이 된다는 것이지요.

처음 발심할 때에 문득 바른 깨달음을 이룬다

그런데 이러한 성불 불교의 구도가 앞서 「범행품」의 구절, "처음 발심할 때 곧 무상정등정각을 얻는다"에서는 잘 들어맞지 않는 것으로 보입니다. 여기에서는 분명히 처음 발심할 때에 부처님이 된다고 이야기하고 있으니까요. 이 말대로라면 보살의 단계, 기간도 애매해지고 더불어 발심수행의 의미 또한 무색해질 수 있습니다. 그렇다고 『화엄경』의 구절을 무시할 수는 없어서 많은 논란이 있어 왔습니다.

　이에 대해서 어떤 입장은 「범행품」에서 말하는 '무상정등정각'이 다른 경전과 같은 의미의 '무상정등정각'은 아니라는 등의 우회로를 택하기도 합니다. 그러나 초기 화엄교학, 특히 의상 스님은 이 구절을 말 그대로 받아들입니다. 네, 그렇습니다. 처음 발심할 때, 처음으로 믿으려는 서원을 일으킬 때가 바로 위없는 올바른 깨달음을 이루는 때라고 말이지요.

　"처음 발심할 때에 문득 바른 깨달음을 이룬다"라고

한 것은, 하나의 동전이 곧 열 동전인 것과 같기 때문이다. 무슨 까닭인가? 수행의 체(體)를 기준으로 하여 설한 까닭이다.

'처음 발심한 보살'이란 믿음의 지위의 보살이니 곧 제자의 지위이다. '바른 깨달음을 이룬다'란 부처님의 지위이니, 곧 큰 스승(大師)의 지위이다. 높고 낮음이 같지 않고 지위가 전혀 다르다. 무엇 때문에 같은 곳에 머리와 다리를 나란히 두는가?

삼승의 방편법과 원교일승의 법은 법의 작용과 머무름이 각각 달라서 섞어 쓸 수 없다. 그 뜻이 어떠한가? 삼승의 법은 머리와 다리가 각각 다르고 아버지와 아들의 나이(年月)가 같지 않다. 무엇 때문에 이와 같은가? 모양을 기준으로 하여 설하기 때문이고, 믿는 마음을 내게 하려는 까닭이다. 원교일승의 법은 머리와 다리가 모두 하나이며, 아버지와 아들의 나이가 모두 같다. 무슨 까닭인가? 연(緣)으로 이루어짐을 말미암은 까닭이고 도리를 기준으로 하여 설한 까닭이다.

- 의상, 「일승법계도(一乘法界圖)」

이 구절은 의상 스님이 앞의 「범행품」 구절을 풀이한 부분입니다. 여기에는 초기 화엄교학의 수행에 관한 다양한 교설이 씨줄과 날줄로 복잡하게 직조되어 있기 때문에 그 모두를 살펴보지는 않고 핵심만을 간추리고자 합니다.

여기의 물음은 누구나 가질 법한 의문입니다. 처음 발심한 보살과 바른 깨달음을 이룬 부처님이 어떻게 하나이고 같을(同一) 수 있는가라는 것이지요. 이에 대해서 의상 스님은 오히려 역으로 이야기합니다. 우리가 상식적으로 머리는 위에 다리는 아래에 있고, 아버지가 먼저이고 아들이 나중이라고 생각하는 것은 참모습이 아니라고 말이지요. 연기법의 실제 도리를 기준으로 하면 머리와 다리가 하나이고 아버지와 아들의 나이가 같다고 하십니다.

이러한 맥락에 대해서는 앞에서도 여러 번 반복했기 때문에 더 자세히 이야기하지는 않겠지만 한 가지 언급하고 넘어가야 할 점이 있습니다. 여러분은 "머리와 다리가 모두 하나이며, 아버지와 아들의 나이가 모두 같다"라고 할 때 이것을 어떻게 이해하시나요? '하나이며', '같다'는 것은 여러분에게 어떤 의미인가요? 제 눈앞에는 어제의 그 연필과, 빨간 볼펜이 함께 놓여 있습니다. 이 두 사태가 '하나이며', '같다', 즉 동일한지 아닌지 도대체 무엇을 기준으로 생각하나요? 연필과 빨간 볼펜 모두 필기구라는 점에서는 동일하지만, 연필은 지워지고 빨간 볼펜은 지워지지 않는다는 점에서는 동일하지 않다고 할 수 있습니다. 이것은 연필과 볼펜의 자성, 본성, 속성을 가지고 동일을 논하는 것입니다. 그런데 『화엄경』의 입장에서, 초기 화엄교학의 관점에서 연필과 볼펜을 바라본다면 이것은 온 법계 그 자체인 연기법입니다. 따라서 연필과 볼펜을 두고 자성, 본성을 기준으로 동일을 이야기할 수 없습니다.

그렇다면 의상 스님은 무엇을 가지고 머리와 다리, 아버지와 아들이 동일하다고 한 것인가요? 의상 스님은 모든 연기법에 예를 들어 '나'와 '나' 아닌 것에 대한 분별이 없고, 어떠한 고정된 것에도 머무름이 없는 것을 바로 동일하다고 이야기합니다. 그러므로 화엄에서 연필과 볼펜이 동일하다는 것은 그 둘이 필기구여서, 또는 제 소유라서 동일한 것이 아닙니다. 연필과 볼펜이 어떠한 분별도 가지고 있지 않으며 어디에도 머무르지 않음을 그저 동일하다고 할 뿐이지요. 연필이 "나는 연필이고 너는 볼펜이다"라고 분별하고 볼펜이 "나는 여기에, 너는 저기에 머무른다"고 할까요?

이러한 입장이라면 "'나'가 온전한 부처님"임을 믿으려는 첫 마음을 일으킨 그 사태가 바로 부처님이라고 불리는 사태입니다. 이런 까닭에 의상 스님은 『화엄경』의 부처님과 보살을 모두 깨달은 존재인 지정각세간에 해당시킨 것으로 보입니다. 따라서 초발심 이후 40개의 보살 지위는 깨달아 가는, 부처님의 지위로 다가가는 '레벨 업'의 과정이 아닙니다. 초발심 이후의 일승보살도도 성불하기 위한 수행이 아니라 온전한 부처님으로서 다양한 분위의 불행(佛行)을 펼치는 과정일 뿐입니다.

불행인 일승보살도

여기서 일승보살도가 바로 불행이라는 말을 이해하기 위해서는 관련된 맥락을 살펴볼 필요가 있습니다. 먼저 초발심하여 일승보살도의 수행을 펼친다고 할 때 수행은 무엇인가요? 일반적으로 수행이라고 하면 부처님이 되기 위한 방편으로서 극도의 고행을 동반한, 뭔가 어려운 행위를 생각하는 경향이 있습니다. 그렇다면 부처님이 되고

나면 더는 수행을 하지 않는 걸까요? 오직 중생교화행만 있을까요? 성불수행과 중생교화행은 무엇으로 구분할 수 있을까요?

초기 화엄교학이 이해한 『화엄경』의 수행은 성불하기 위한 수행이 아닙니다. 일승보살도의 수행이란 곧 불행으로서 "나'가 온전한 부처님"임을 믿으려는 서원을 일으켜 부처님이 할 일을 끊임없이 하는 것이라고 생각합니다. 그렇기에 앞서서 '이것은 되고 안 되고의 문제가 아니라 하고 안 하고의 문제'라고 이야기한 것입니다. 사실 '부처님이 할 일'이라는 말에도 어폐가 있습니다. 다만 제 표현력이 부족하여 달리 어떻게 표현할지 몰라서 굳이 오해의 소지를 무릅쓴 것입니다. 만약 부처님을 어떤 고정되고 성취될 수 있는 단계, 존재, 상태로 이해한다면 이것은 『화엄경』의 부처님이 아닙니다. 부처님이라고 부를 만한 무언가가 따로 있어서 부처님의 행, 즉 불행을 하는 것이 아니기 때문이지요. 어떤 사태를 우리가 부처님이라고 부르고, 불행이라고 생각하며, 중생이라고, 보리수라고, 또는 제바달다라고 분별하는 것일 뿐입니다.

또 하나, 그렇다면 "'나'가 부처님"임을 믿으려는 마음을 일으키는 것은 십주의 처음에서만 이루어지는 것일까요? 이미 초발심했으니 그 이후는 초발심이 아닌 불행이기만 한 것일까요? 이에 대해서 초기 화엄교학은 찰나찰나 발심(念念發心)으로 이해합니다. 즉 초발심 이후 보살은 매 찰나찰나 믿으려는 의지, 서원을 끊임없이 일으킵니다. 이것이 곧 불행입니다. 앞서 소개한 머리와 다리가 하나이고 아버지와 아들의 나이가 같다면 첫 발심이 곧 끝 발심이며 이를 찰나찰나 발심이라고 합니다. 따라서 흔히 '초심으로 돌아간다'라고 말하는 것은 초발심을 십주의 첫 주에 묶어 놓고 현재의 자신을 초심과 분리하여 분별하기 때문에 가능한 생각입니다. 우리는 초심으로 '돌아가'면 안 됩니다. 『화엄경』의 보살은 항상 초심일 뿐이니까요.

초심, 이 자리는 중생은 들어온 적 없으며 보살은 머무르지 않고 부처님은 나가지 않으시는 자리입니다.

여래출현인 서원

이제까지 살펴본 바에 따른다면 『화엄경』은 우리가 모르는 무언가를 배워서 그전까지 없었던 지식을 습득함으로써 우리가 이전에 아니었던 어떤 존재나 상태가 되라고 말하는 경전이 아닙니다. 오해의 소지를 무릅쓰고 말하자면 『화엄경』은 무엇을 하기 위한 경전입니다. "'나'가 온전한 부처님"임을 믿으려는 서원을 일으켜서 부처님이 할 일을 하라는 것입니다.

그렇다면 지금, 여기의 '나'가 해야 할 것은 무엇일까요? "'나'가 온전한 부처님"임을 믿으려는 서원을 일으키는 것입니다. 그 이외에는 아무것도 없습니다. 서원은 구체적으로 무엇이어야 할까요? "믿습니다!"라는 확신에 찬 선언도 나쁘지는 않겠지만, 『화엄경』의 서원은 구체적인 행동으로 설해집니다. "'나'가 부처님"임을 믿는다는 것은 내 마음을 이 명제에 대한 의심이 없는 특정한 상태로 고정시키는 것이 아닙니다. "'나'가 부처님"임을 구체적인 행위를 통해서 자신의 삶에 끊임없이 출현시키는 것이지요. 즉 '나'가 여래라는 믿음의 서원은 곧 '나'인 여래가 출현하는 행동으로, 그것이 『화엄경』의 서원입니다.

보현보살십종대원

『화엄경』에는 여러 가지 서원이 등장합니다. 이에 대해 「일승법계도」에서 의상 스님은 서원 그 자체를 『화엄경』의 부처님으로 이야기합니다. 즉 '원불(願佛)'입니다.

"'원불이니 출생하기 때문이다'란 (다음과 같다.) 백사십원(百四十願)·십회향원(十廻向願)·초지원(初地願) 및 성기원(性起願) 등이 모두 원불이다. 이 부처님은 머무름이 없음으로써 몸을 삼기 때문에 한 물건도 부처님의 몸 아님이 없다. 이른바 한 법을 듦에 따라서 일체를 다 거두어 법계에 들어맞아 두루함을 원불이라고 이름한다."

『화엄경』 전체를 서원이라고 할 수 있지만, 의상 스님은 그중에서도 특히 「정행품(淨行品)」의 백사십원, 「십회향품」 전체, 「십지품」 초지의 십대원, 「여래출현품」(또는 「보왕여래성기품」)을 서원으로 생각하고 중시했습니다.

그런데 후대 화엄가들은 이러한 『화엄경』 서원의 대표로 '보현보살십종대원(普賢菩薩十種大願)'을 이야기합니다. 의상 스님이 거론하지 않았던 서원인데 말이죠. 그 이유는 의상 스님께서 702년에 입멸하신 뒤에 등장한 서원이기 때문입니다. 보현보살십종대원은 798년 중국에서 반야(般若) 삼장이 한역한 『대방광불화엄경』 중 「입부사의해탈경계보현행원품(入不思議解脫境界普賢行願品)」의 마지막에 설해집니다. 제목도 긴 이 품은 기본적으로 각각 400년대와 600년대 후반에 번역된 『60화엄』과 『80화엄』의 맨 마지막 품인 「입법계품(入法界品)」을 다시 번역한 것인데, 내용과 분량 면에서 조금 증가되었습니다. 즉 『60화엄』과 『80화엄』의 「입법계품」에는 보현보살십종대원이 포함되지 않았었지요.

「입법계품」은 전체 2부로 이루어진 『화엄경』의 제2부에 해당합니다. 주된 내용은 선재동자라는 인물이 문수보살을 만나서 발심하고, 이후 여러 선지식을 만나 그들의 해탈 법문을 듣는 여정이라고 할 수 있습니다. 그리고 선재동자가 가장 마지막에 만나는 선지식이 바로 보현보살입니다. 여기에서 보현보살은 자신의 해탈문 등을 설하고 난 뒤 마지막으로 열 가지 광대한 행원을 이야기합니다. 그것이 이른바 '보현보살십종대원'으로, 대승불교권에서는 매우 광범위하게 유통되었습니다.

따라서 이 글에서는 지금, 여기의 '나'가 부처님임을 믿으려는 구체적 행동인 믿음의 서원으로서 '보현보살십종대원'을 소개하고자 합니다. 물론 꼭 이 서원일 필요는 없습니다. 「정행품」도 좋고, 「십지품」 십종대원도 가능하며 『화엄경』 어느 부분도 서원이니까요. 하지만 '원왕(願王)'이라고도 불릴 만큼 중요시된 이 서원을 여러분에게 한번 보여 드리고 싶습니다.

1. 모든 부처님을 예배하고 공경하겠습니다.
2. 여래를 찬탄하겠습니다.
3. 모든 이를 널리 공양하겠습니다.
4. 모든 업장을 참회하겠습니다.
5. 모든 이의 공덕을 따라 기뻐하겠습니다.
6. 가르침을 전해 주시기를 청하겠습니다.

7. 부처님께서 세상에 머무르시기를 청하겠습니다.

8. 항상 부처님을 따라서 배우겠습니다.

9. 항상 중생을 수순하겠습니다.

10. 널리 모든 것을 회향하겠습니다.

서원의 시작과 끝 – 『화엄경』읽기

앞서 소개한 보현보살십종대원이 너무 막막하다고 느껴지시나요? 충분히 그럴 수 있다고 생각합니다. "'나'가 온전한 부처님"임을 믿으려는 서원을 어디에서, 어떻게 시작하면 좋을까요? 아마도 그 방법은 이 세계의 티끌 수만큼 많은 세계의 티끌 수만큼 많은 세계의 티끌 수만큼… 많을 것입니다.

그 가운데 보현보살십종대원을 지금, 여기에서 일으키는 구체적인 방법으로 제가 선호하는 것은 다름 아닌 『화엄경』읽기입니다. 이제까지 이야기한 『화엄경』에 대한 입장에 동의한다면 『화엄경』을 읽는 것이 곧 보현보살십종대원을 일으킨다는 것이니까요. 왜냐하면 '나'이자 부처님인 『화엄경』을 계속해서 읽는 행위는 '나'인 부처님을 끊임없이 일으키는 행위로, 이것이 즉 여래출현이기 때문입니다. 따라서 『화엄경』을 읽는 것이 바로 여래출현행으로서 보현보살십종대원을 일으키는 것입니다. 그러니,

『화엄경』을 읽는 것이 곧 모든 부처님을 예배하고 공경하는 것입니다.

『화엄경』을 읽는 것이 곧 여래를 찬탄하는 것입니다.

『화엄경』을 읽는 것이 곧 모든 이를 널리 공양하는 것입니다.

『화엄경』을 읽는 것이 곧 모든 업장을 참회하는 것입니다.

『화엄경』을 읽는 것이 곧 모든 이의 공덕을 따라 기뻐하는 것입니다.

『화엄경』을 읽는 것이 곧 가르침을 전해 주시기를 청하는 것입니다.

『화엄경』을 읽는 것이 곧 부처님께서 세상에 머무르시기를 청하는 것입니다.

『화엄경』을 읽는 것이 곧 항상 부처님을 따라서 배우는 것입니다.

『화엄경』을 읽는 것이 곧 항상 중생을 수순하는 것입니다.

『화엄경』을 읽는 것이 곧 널리 모든 것을 회향하는 것입니다.

똑같은 원리로 여래출현행으로서 보현보살십종대원을 일으키는 것이 곧 『화엄경』을 읽는 것입니다. 이 두 부분은 상즉상입의 관계이기 때문이지요. 따라서,

모든 부처님을 예배하고 공경하는 것이 곧 『화엄경』을 읽는 것입니다.
여래를 찬탄하는 것이 곧 『화엄경』을 읽는 것입니다.
……
항상 중생을 수순하는 것이 곧 『화엄경』을 읽는 것입니다.
널리 모든 것을 회향하는 것이 곧 『화엄경』을 읽는 것입니다.

마지막인 시작에서

이 책은 의도적으로 『화엄경』에 나오는 각 품의 내용 요약이나 소개를 하지 않았습니다. 그냥 『화엄경』을 읽으시면 됩니다. 원하신다면, 발심하신다면 말이죠. 굳이 다른 이의 잘 보이지도 않는 안경을 빌릴 필요는 없습니다.

꼭『화엄경』전부를 다 읽지 않아도 좋습니다. 어디든 손 잡히는 곳, 눈길 가는 곳부터 시작해 보세요. 어디든 손 놓이는 곳, 눈길 거두어지는 곳까지 읽으시면 됩니다. 의상 스님도『화엄경』한 글자, 한 글자가 여래의 출현이라고 했지요. 그러니『화엄경』한 글자 한 글자를 보현보살십종대원으로 읽는다면 그것으로도 충분하지 않을까요?

4

『화엄경』에서
우리는
무엇을 배울 수 있을까

업(業)에서 원(願)으로

책을 마무리하는 이 장에서는 삶과 불교학 및 『화엄경』의 관계에 대해 제 개인적인 경험을 통해서 이야기하고자 합니다.

저는 불교학 공부와 교육을 삶의 업으로 삼고 있습니다. 그러나 처음부터 불교학을 선택한 것은 아니었습니다. 저의 첫 전공은 공학이었습니다. 애초에 왜 살아야 하는지 잘 몰랐기에 '공학이 아니면 내 삶은 의미 없다' 같은 의욕은 아예 없었지요. 오히려 '공학이 아니어도 내 삶은 의미 없다'라는 생각으로 그 당시 제 점수에 적당한 대학과 무난한 학과를 거의 제비뽑기하듯 고른 결과일 뿐이었습니다. 동기가 시큰둥한데 학과 생활에 열심일 리가 없습니다. 대신 열심히 놀다가 간신히 회사에 취직하는, 그 당시로서는 아주 평균적으로 수동적인 삶의 과정을 밟았습니다. 제 의지와 제 다리로 인생의 길을 밟았다기보다는 뭐랄까, 의지는 간곳없이, 다리는 하릴없이 무빙워크를 타고 아무 생각 없이 흘러갔다고 하는 편이 좀 더 정확할 것 같습니다.

그렇게 회사를 다니면서 마음이 허해졌던 모양입니다. 월급은 받지만 월급에 만족하지 못하고, 일은 하지만 일에 전념하지 못하는 상황이 계속 이어졌습니다. 그러는 사이 삶의 이유라도 좀 캐물어서 허한 마음을 다독이려는 생각에 불교 공부를 시작했습니다. 일종의 취미였지요. 그런데 그 불교를 향한 관심이 제 속에서 조금씩 지분을 늘려 가더니 어느새 주인의 자리를 차지하게 되었습니다. 결과적으로 지금 이렇게 재미 없는 이야기를 길게 하는 상황에까지 흘러오게 되었네요.

그때 저는 회사를 떠나면서, 지금 생각하면 매우 허황되고 희뿌연 장밋빛 환상을 품었더랬습니다. '공학 전공 회사원에서 불교학 전공 연구자로 업을 바꾸면 '나'의 삶은 허무에서 확신으로, 결핍에서 충만으로, 우울에서 환희로 바뀌게 될 것이다. 삶은 내게 당위로 다가올 것이다. 인생 세탁이 가능할 것이다.' 뭐 그런 생각들이요.

물론 여러분도 짐작하시다시피 그런 일은 벌어지지 않았습니다. 만족하지는 못하지만 그렇다고 거부하지는 못할, 딱 그만큼의 월급이라는 마취제가 정기적으로 투여되지 않자 허무와 결핍과 우울은 오히려 더욱 선명하게 제 삶의 전면에 드러나게 되었습니다. 배고픈 소크라테스도, 배부른 돼지도 못 되고 그저 배고픈 돼지가 되어 버린 상황이었지요.

그래도 세월이 흘러가면서 제 삶의 변화에 대해 조금 관찰이 가능하게 되었습니다. 공학 전공 회사원에서 불교학 전공 연구자로 삶의 업을 변경한 것은 말 그대로 삶의 업을 바꾼 것에 지나지 않았습니다. 이 삶에서 저 삶으로 전전(輾轉)했을 뿐입니다. 회사원의 삶에서 연구자의 삶으로 윤회한 것입니다. 저는 그것을 마치 삶의 업이 계속되는 윤회를 끊고자 발심하여 해탈의 바다로 뛰어든 것인 양 착각한 모양입니다.

이러한 관찰 끝에 다다른 결론은 업을 업으로 바꾸며 윤회를 거듭해서는 허무를 확신으로, 결핍을 충만으로, 우울을 환희로 바꿀 수 없다는 것입니다. 지금 여기의 삶의 업이 그대로 삶의 원(願), 행원이 되어야만 죽음을 포함한 삶은 당위로 이어집니다. 회사원의 업이 회사원의 행원이 된다면, 연구자의 업이 연구자의 행원이 된다면, 스님의 업이 스님의 행원이 된다면 회사원도, 연구자도, 스님도 모두 보현행자라는 것이 앞서 살펴본 보현행원의 뜻이라고 생각합니다. 반대로 불교학 연구자의 업이 업에만 머무른다면 전공자라는 탈을 빌려 쓰고 '부처님을 팔아 죄만 짓는' 도적놈이 될 뿐입니다.

앞서 말씀드린 대로 저는 불교학 공부와 교육을 삶의 업으로 삼고 있습니다. 솔직히 아직도 업이 업에만 머무르는 경우가 많은 것 같습니다. 애쓴다고 하지만 업은 잠깐만 방심하면 제 주인이 되어 버립니다. 그러면 또다시 마음을 일으켜 업이 그대로 행원인 삶을 살고자 하는 날의 연속이 오늘 여기의 제 삶이라고 할 수 있습니다. 이런 까닭에 저는 제 업인 공부와 교육이 그대로 보현행원이기를 서원하고 또 서원하며, 노력하고 또 노력하고자 합니다. (그런데 이것이 어떻게 여래출현이냐고요? 예. 저는 이것이 여래출현이라고 생각합니다. 앞서 말씀드린 맥락에서.)

여러분은 무엇을 삶의 업으로 삼고 계신가요? 여러분은 여러분의 업으로 무엇을 원하시나요? 여러분에게 여러분의 업은 무엇인가요?

『80일간의 세계 일주』와 『화엄경』

●

여러분은 혹시 프랑스 소설가 쥘 베른이 쓴 『80일간의 세계 일주』라는 소설을 읽어 본 적이 있으신가요? 사실 저는 읽어본 적이 없습니다. 다만 어렸을 적에 그 소설을 바탕으로 제작한 영화를 본 기억이 어렴풋이 남아 있을 뿐입니다. 소설도, 영화도 보신 적 없는 분들을 위해 대강의 내용을 소개하자면, 19세기 후반 한 영국인이 하인 한 명과 함께 런던을 떠나 갖은 고생을 하며 80일간 세계 일주를 한 뒤 다시 런던에 돌아온다는 이야기입니다.

뜬금없이 이 소설을 언급한 것은, 저도 저만의 방식으로 80일간의 세계 일주를 한 적이 있기에 이를 소개하며 이 책을 마무리하면 어떨까 하는 생각이 들어서입니다. 예전에 잠깐 일 년 정도 일본에 머문 적이 있습니다. 공부하기 위해서 갔습니다만 그렇다고 공부가 쉬이 되지는 않았지요. 아는 일본 사람도 없었고, 일본어도 전혀 안되어서 학교 수업도 잘 따라가지 못했습니다. 또 게으른

천성 탓에 피땀 흘리며 밤새우는 독학 같은 건 그저 강 건너 불구경, 남의 일이었기에 매일매일 빈둥대는 나날이 이어졌습니다.

그러던 어느 날 한국에서 가져간 80권본 『화엄경』이 눈에 들어왔습니다. 그때 갑자기 든 생각이 '그래, 기왕 이렇게 된 거, 『화엄경』(씩)이나 하루에 한 권씩 읽어보자!'였지요. 그래서 그다음 날부터 오전에는 무조건 『화엄경』을 한 권씩 읽기로 마음을 먹었습니다. 이리하여 느닷없이 제 나름의 '80일간의 세계 일주'가 시작되었습니다.

소설 속 주인공이 여행하며 갖가지 난관을 겪었듯이 저도 『서유기』의 현장법사와 손오공, 저팔계, 사오정만큼은 아니지만 갖가지 마구니와 마주치는 호된 경험을 하였습니다. 제가 마주친, 아니 동반한 마구니 중의 마구니는 당연히 수마(睡魔), 졸음 마구니였지요. 그밖에도 의심 마구니, 허무 마구니, 우울 마구니, 환희 마구니, 깨달음 마구니 등 팔만 사천 마구니가 마치 화엄신중인 양 80일간을 항상 함께하여 주었습니다.

그렇게 80일에 걸쳐서 법계를 일주하고 제자리에 돌아온 날이었습니다. 뭐 별다를 것은 없었습니다. 그래서 다시 길을 떠났습니다. 떠나자마자 기다렸다는 듯 반가운 얼굴, 아니 마구니들을 만났습니다. 간혹 졸음 마구니를 만나지 못할 때면 아쉬울 정도였지요. 그렇게 80일 후 또다시 제자리에 돌아왔습니다. 역시 별다른 것은 없었습니다. 그리고는 날짜가 되어 한국으로 돌아오게 되었습니다.

　요즘은 그때처럼 하루에 한 권씩 읽을 엄두는 내지 못하지만, 가끔 두세 쪽 『화엄경』을 읽으면서 그 당시를 돌이켜 봅니다. 잘은 모르겠습니다만 그때의 저는 『화엄경』을 읽으면서 무엇을 얻기를, 무엇을 알기를 바라지 않았나 싶습니다. 그렇게 해서 『화엄경』을 정복하기를 원했던 것도 같습니다. 아마 그런 허황된 마음을 억누르려 화엄신중이 마구니로 나타나 제게 가피를 주신 것인지도 모르겠다고, 이따금씩 생각하곤 합니다.

　태산(太山)이 높다 하되 하늘 아래 뫼이로다.
　오르고 또 오르면 못 오를 리 없건마는
　사람이 제 아니 오르고 뫼만 높다 하더라.
　－ 양사언(楊士彦), 「태산이 높다 하되」

『화엄경』을 한 걸음, 한 걸음 오릅니다. ('오른다'고 표현했지만 사실 『화엄경』 한 글자, 한 글자에는 높고 낮음이 없음을 이젠 아시겠지요?) 오늘 제가 오른 한 글자가 바로 온전한 『화엄경』일 뿐으로, 『화엄경』을 오르기 위한 한 글자가 아니며 이 밖에 따로 『화엄경』이 있는 것도 아닙니다. 마치 꼭대기만 똑 떼어 태산이라 부르는 것이 아니고 한 걸음만 떼도 모두 태산인 것처럼 말입니다. 그러나 한 걸음이라도 떼지 않으면 그곳은 태산일 수 없겠지요.

의상 스님의 말씀으로 제 횡설수설을 마무리해도 될런지요.

가는 데마다 본래 자리, 이르는 데마다 떠난 자리
(行行本處 至至發處)

제가 오늘 『화엄경』을 읽는 마음도 이와 마찬가지이고 싶습니다.

읽는 것마다 『화엄경』 자리, 보는 것마다 내 자리

그동안 너무 화엄 바닷가 주변만 서성거렸네요. 화엄 바다를 맛보고 싶으시다면 더 이상 머뭇거릴 것 없이 그냥 풍덩 화엄 바다에 빠져드시기 바랍니다. 지금, 여기가 아니면 세세생생 맛보지 못할지도 모를 일입니다.

지금 시작하시기를!

인문학 독자를 위한

화엄경

ⓒ 박보람, 2023

2023년 7월 3일 초판 1쇄 발행

지은이 박보람
발행인 박상근(至弘) • 편집인 류지호 • 상무이사 김상기 • 편집이사 양동민
책임편집 하다해 • 편집 김재호, 양민호, 김소영, 최호승 • 디자인 쿠담디자인
제작 김명환 • 마케팅 김대현, 이선호 • 관리 윤정안 • 콘텐츠국 유권준, 정승채
펴낸 곳 불광출판사 (03169) 서울시 종로구 사직로10길 17 인왕빌딩 301호
        대표전화 02) 420-3200 편집부 02) 420-3300 팩시밀리 02) 420-3400
        출판등록 제300-2009-130호(1979. 10. 10.)

ISBN 979-11-92997-43-8 (04150) 세트
ISBN 979-11-92997-46-9 (04150)

값 16,000원